[美] 克里斯 · 比弗尔（Chris Biffle）著

Whole Brain Teaching

全脑教学与成长型思维教学

122 Amazing Games!: Challenging kids, classroom management, writing, reading, math, Common Core/State tests

提高学生学习力的
92个课堂游戏

中国青年出版社
CHINA YOUTH PRESS
中青文传媒

图书在版编目(CIP)数据
全脑教学与成长型思维教学：提高学生学习力的92个课堂游戏 /
（美）克里斯·比弗尔著；韩成财译.
—北京：中国青年出版社，2018.2
书名原文：Whole Brain Teaching: 122 Amazing Games!: Challenging kids, classroom management, writing, reading, math, Common Core/State tests
ISBN 978-7-5153-4946-6
Ⅰ.①全… Ⅱ.①克… ②韩… Ⅲ.①教学研究 Ⅳ.①G420
中国版本图书馆CIP数据核字（2017）第253505号

全脑教学与成长型思维教学：
提高学生学习力的 92 个课堂游戏

作　　者：[美] 克里斯·比弗尔
译　　者：韩成财
责任编辑：肖妩嫔　范苗苗
美术编辑：李　甦
出　　版：中国青年出版社
发　　行：北京中青文文化传媒有限公司
电　　话：010-65511270/65516873
公司网址：www.cyb.com.cn
购书网址：zqwts.tmall.com　www.diyijie.com
印　　刷：三河市文通印刷包装有限公司
版　　次：2018年2月第1版
印　　次：2018年10月第2次印刷
开　　本：787 × 1092　1/16
字　　数：100千字
印　　张：15
京权图字：01-2016-1485
书　　号：ISBN 978-7-5153-4946-6
定　　价：39.00元

28年来，我们终于找到了适合所有学生的教学模式——全脑教学与成长型思维教学，它们能给孩子们带来欢笑和游戏，让孩子们真正关注学习、爱上学习、擅长学习。

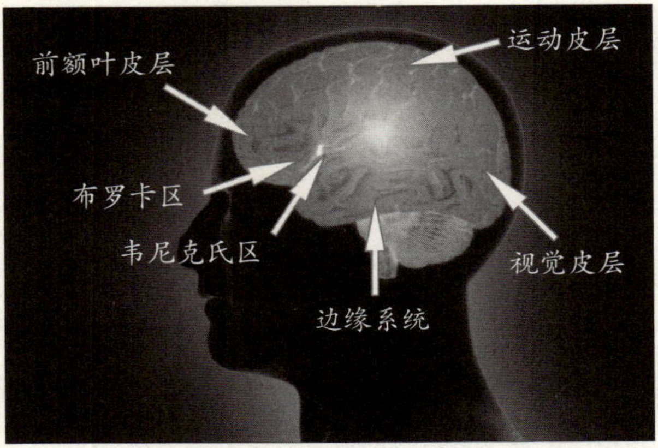

前额叶皮层：

当人们作决策时，大脑的逻辑中心会被激活。例如，当学生在制订全脑教学游戏“进步神速组”计划时，前额叶皮层会非常有效地参与到这个决策的过程当中。

运动皮层：

运动皮层连通其他大脑区域，通过海马体指导身体的物理运动。“让学生当老师”这一教学法宝是全脑教学法宝中最受欢迎的策略，在执行这一教学法宝的时候，大脑就会调动负责从短时性记忆到长时性记忆信息传输的运动皮质。

视觉皮层：

大脑中最大的区域之一，视觉皮层处理从眼睛到储存视觉记忆的信息输入。全脑教学七大法宝之一的计分板激励法以及与之相关的众多课堂游戏，为学生提供了强大的视觉冲击，有效地增强了学生的学习效果。

边缘系统：

大脑的情感核心。本书中的每一个游戏都能够激活大脑边缘系统，将学习信息和持久的记忆线索紧密联结在一起。

韦尼克氏区、布罗卡区：

倾听并理解口头表达（韦尼克氏区）和进行口头表达（布罗卡区），将在全脑教学最主要的教学法宝“让学生当老师”中不断地发挥作用。

在开始本书阅读旅程之前，请认真反思你的教学经历。

我主要的教学问题是：______

______

______

______

我曾经尝试过的解决方法是：______

______

______

______

______

作为一名教师，我的优势是：______

______

______

______

______

就我个人而言，我期待在明年的教学生涯中有哪些进步：

______

______

______

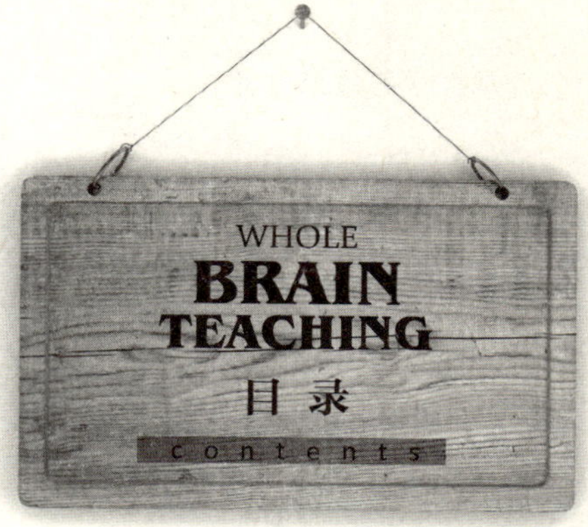
WHOLE
BRAIN
TEACHING
目录
contents

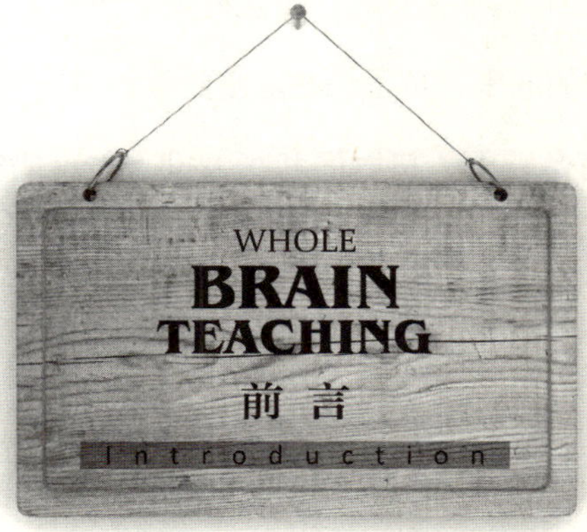

让孩子爱上学习，在玩乐中享受成长的乐趣

每一年，我都会和成千上万的教师谈论教育心得。我会问："当你班级里难管教的孩子没来上课时，你的课堂会像什么？"教师们的回答通常是非常愉快的。我会快乐地教课！会无比开心！无比快乐！

我们都坚信一个伟大的真理，那就是我们不能让任何一个孩子落在其他孩子的后面。

教育的一个真相是：学生的阅读不是问题，学科教学也不是问题，让教师和学生执着的成绩也不是问题，真正的问题是不遵守纪律的学生让教师抓狂。就像无数老师都证实过的那样，难管教的孩子总是让课堂失控。

三分之一的新教师们在任职三年后选择离开；五年之后，几乎一半的教师辞职。

教育之船正在海洋中下沉，还没有完全沉没。你的教室就是一艘救生艇。在你的周围，孩子们在黑暗的波浪中奋力搏击。

每一年都有数百万人将时间和精力投入教育研究。出版社出版了成千上万的教科书、学区投资了一卡车又一卡车的计算机，教师创建了大量的教学计划，但是如果学生心思不在课堂上，这些努力都将化为泡影。

如果学生都盯着窗外，不管我们在课堂上做什么都没有意义。如果那些调皮的孩子不断惊呼“嘿，你们看！外边发生了什么事”，那我们在课堂上付出再大的努力也都是徒劳无功的。

全脑教学的解决方案很简单：当学生在学习踢球时，他们的参与度是最高的。如果学生觉得学习不好玩，那么我们教师奉行的就不是全脑教学。就像你所希望的那样，我们已经发现了很多有趣的方法。

1999年，3个南加州的教师发现了全脑教学法，随后风靡了整个美国。不久，200多个国家的教师都开始愉快地使用全脑教学法。在过去的15年里，超过40000多名教育者已经参加了我们的免费会议。全脑教学视频的浏览量已经超过了5000000多次。超过15000000多页的免费电子书已经能够从全脑教学网站（Whole Brain Teaching.com）下载。

我们已经有很多得天独厚的杰出教师了。全脑教学的创始人克里斯·雷克斯塔德、杰·万德芬和安德里亚·辛德勒用在大学学到的科学技能和自己惊人的创造力，帮助优秀教师们把全脑教学法应用于了小学课堂。我们聪明的程序员杰森·彼得森后来创建了我们的网站后，又有一群令人印象深刻的教育工作者加入我们：杰夫·巴特尔（北卡罗来纳州）、德布·威格尔（亚利桑那州）、法拉·希普利（得克萨斯州）、南希·斯托尔滕贝格以及梅利莎·奥尔图诺（加利福尼亚州）、凯特·博夫斯基（特拉华州）、林德赛·劳什个（俄亥俄州）、萨拉·米多尔（伊利诺伊州）、杰森勒·奇里诺（宾夕法尼亚州）、安德烈·德索特（路易斯安那州）、杰基·雷索诺（新泽西州）、黎安莱·诺缇尼（加拿大）、米歇尔·谢尔顿（俄克拉荷马州）、凯西·鲍尔斯（堪萨斯州）、苏珊·弗洛伊德以及斯塔西·格拉斯（密苏里州）、乔伊斯·拉伊（内华达州）。我们要特别感谢俄克拉荷马州的麦迪·马汉，他有着得天独厚的敏锐眼光，帮助我们把这本书变得更加完美，让读者有更愉悦的阅读体验。

就像我之前所说的，我的三位女神是我最好的老师，她们是我的女儿珀尔塞福涅、萨斯基亚，还有我美丽的妻子戴德丽。

假设你是一名学生，仔细体验学生的感觉，写下你的反馈。

我曾经拥有过的最好的老师是 ________________。

如果我要写一封信给这个最好的老师（我很愿意给他写信），

我会说：________________________________

____

____

____

____

我有不止一个令人厌烦的老师。如果我要写一封邮件给他们。

我会说：________________________________

____

____

____

____

当我假设自己是一名学生的时候，这名学生能够引导我成为

一名真正的老师，我能从学生的经历中收获：____________

____

____

____

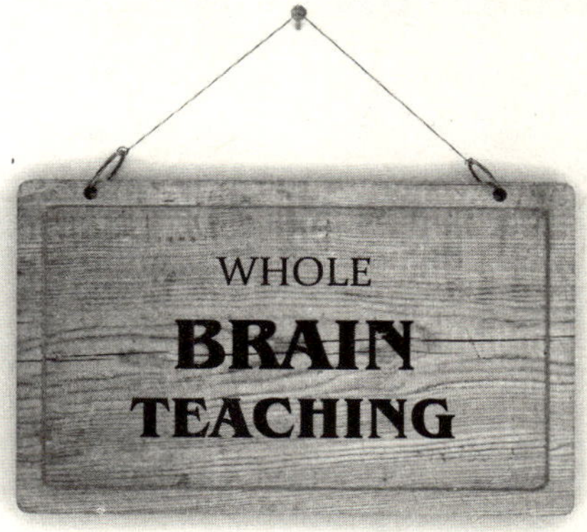

I

第一章

全脑教学，让孩子看得见自己的成长

学校应当成为学生和教师最向往的地方，教师的德行与才能是学生心怀尊敬的源泉。

——爱因斯坦

你有一个非常重大的选择机会。

现在就开始选择吧。

你可以认为你教室里的问题是出在学生身上。你也可以认为是学生不服管，学生不讲礼貌，学生不爱学习——很多教师都秉持这一观点，并且愤怒地指责他们的学生。

第一个选择是你坚信你的教学问题出在你的学生身上，那么请合上这本书。我们不能强行改变你的学生。我们不能天天家访，不能改变学生的父母，不能改造学生的兄弟姐妹，不能强行关掉让他们分心的电子设备，不能逼迫他们去阅读，不能强制他们去进行批判性思考。如果你真的相信问题出在你的学生身上，那么全脑教学并不适合你。

第二个选择是你认为你的教学问题出在你的教学方法上。这是一个明智的选择，因为你将教学问题归类到你所能改变的事情里了。通过选择高效的教学策略，你可以重塑你的教师形象。你可以通过改变课堂上自己的行为方式来改变你自己。你的学生也许对学习有抵触情绪，但是他们对你改造他们所采用的战术无法掌控。

但愿，你能做出第二种选择。教学问题不是出在孩子们身上，而是出在我们的教学策略上。

在很多先进的学习研究支持下，我们意识到，学生在积极参与课堂（包括看、听、做、讲、感觉、大笑等）时，他们能够学得更多、更好，这就是我们创建全脑教学法的初衷。

全脑教学结合了两个最值得研究、最值得称赞的教学方法：直接交互式教学和合作式学习。奇怪而巧合的是，不止一位教育者将全脑教学描述成让人兴奋的直接教学。我们对于直接交互式教学的构想带来了信息量充足的课堂，开始上课后，学生在视频游戏的引导下遵循学习节奏，并积极参与课堂，大家都陶醉在欢声笑语中。

在全脑教学课堂中，教学方法每五分钟就会从直接交互式教学转换到合作式学习。不管我们课堂的活力如何，我们都十分清楚，老师讲得越久，学生越容易走神。大脑不仅仅是在最开始能集中注意力，它在短时间内也能够保持敏锐的注意力。对我们而言，学生的合作，包括两人一组的学习，会让学生变得快乐且精力充沛。

在全脑教学（Whole Brain Teaching.com）网站上有很多可供大家使用的资源，包括课堂管理、课程设置、批判性思维、写作、阅读和数学等。

全脑教学的教学技术能让你的学生从被动的信息接受者转变为高效能课堂的主动创造者。全脑教学和传统教学有什么区别呢？全脑教学鼓励学生更多地去行动，而不是为了怕出错减少自己的行动。传统的教育者总会大声叫喊："安静！停下！注意！"如果这样，对孩子们而言，他们最快乐的时候就是不学习的时候。然而，在全脑教学的教室里，学生却能集中精力、饱含激情地投入学习。

当你开展全脑教学时，你就会明白，你已经把传统的教育远远地抛到了后面。教室里充满了孩子们投入于学习任务的欢声笑语。在全脑课堂里，仿佛有一条看不见的线将我们做的每一件事与快乐联系起来。

我们坚信最高效的课堂管理就是让学生快乐的教学方法。想要减少学生的捣蛋行为吗？那就把趣味填满课堂吧。当你的学生面带微笑地积极参与每一种学习形式时，你就是一位成功的全脑教学教师。学生喜欢我们的课堂，因为我们让他们觉得上课很好玩。而在传统教育中，学生惟一的欢乐就是他们快乐地远离课堂的时候。

这本书中里有许多效果很好的让学生开心不已的课堂娱乐活动。你的学生将拥有更多的欢乐，并且能在欢乐中不知不觉地学到更多的知识。我们为成千上万的教师举办了跨地区的研讨会，受到研讨会的激发，全脑教学游戏解决了很多的课堂管理问题，增强了学生的批判性思维技巧，改善了学生的写作能力，加深了学生的阅读理解能力，提升了他们对于学科知识的理解……所有这些都能够最大程度地激发学生的大脑潜能。不管你的学生来自城市核心圈还是不发达地区，全脑教学都是极其高效的。最近15年来，有一个事实让我们感到非常高兴：不管你的学生是英语学习者、特殊儿童、极具天赋者、疯狂喧闹者，还是故步自封者，在孩子们的课堂上，他们的大脑区域触发得越多，他们学到的知识就越多。

当你将七大教学法宝视为你伟大教学旅程的开端时，请仔细思考一下这个开端。

全脑教学七大法宝

1. 集中注意力：确保全脑教学具有多样性、趣味性、吸引力。

2. 五项课堂守则：解决每一个课堂管理问题，创造一个充满活力的学习社区。

课堂守则一：快速听从指令。

课堂守则二：在开口说话前请举手。

课堂守则三：在离开座位前请举手。

课堂守则四：做出聪明的选择。

课堂守则五：让你亲爱的老师开心！

钻石守则：将你的注意力始终放在目标上。

3. 让学生当老师：强有力地激发了学生的视觉、听觉和运动皮层，让学生全身心投入你的课堂。

4. 计分板激励法：将课堂管理转化为现场游戏。

5. 镜像模拟法：对于传统教育者的枯燥乏味和“思考—对话—分享”模式来说，镜像模拟法是让我们最愉快的选择。

6. 手眼结合法：提醒学生注意他们亲爱的教师马上就要做出真正的大动作了。

7. 变换法：教导爱闲聊的学生仔细倾听，安静内向的学生大胆说话。

想要采用能够持续一年的教学系统和强有力的教学技巧来改变你最难管教的学生吗？你可以在卓越亚马逊等网站购买我们的教育畅销书《全脑教学：影响全球300万教师的教学指导书》。

现在，让我们先测试一下全脑教学的七大法宝。然后，你就可以潜心探索让你拍案叫绝的全脑教学游戏了。

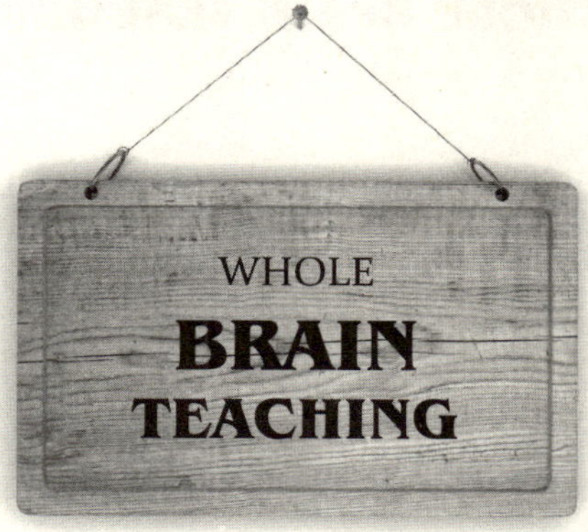

2

第二章

七大教学法宝，高效解决课堂教学问题

你有自己的思想，你有远行的能力，你可以在你选择的任何方向上驾驭自己。你就是你！

——苏斯博士

在全脑教学课堂里，我们不会区分课堂管理和课堂教学。我们通过提高教学方法“管理”我们的课堂。我们所有的行为策略已经包含了卓有成效的教学技巧。我们不会教孩子们在一堂课上要如何表现，也不会在课堂上紧锣密鼓地传递纯理论的教学方法，因为选择全脑教学课堂就相当于选择了最高效的课堂管理，这样的课堂总是让孩子情不自禁地参与其中。

在传统的教育里，一种流行的教学方法就是回形针图表法。每个学生的名字都在夹子上。将夹子移到彩色图表的上面就标示着学生有积极的行为；将夹子移到彩色图表的下面就标示着学生有消极的行为。

这就是问题所在。

当夹子被移动时，教师就要停下教学去处理学生的行为！课堂管理停止了课堂教学！在全脑教学课堂里，就像你即将看到的那样，课堂管理和课堂教学是紧密结合的。

事实上，好的思维就是好的行为。你用来教学生遵守我们的课堂规则的技巧同样适用于你用来提高他们的阅读、写作和数学技能。

下面是我们的七大教学法宝，每一个教学技巧都被成千上万名教师开心地实践并完善，每一个教学技巧的实践都凝聚了众多教师的心血，为孩子们带来了无数的乐趣。

集中注意力：同学们—到！

当我们想要我们的学生参与课堂时，我们可以说："同学们！"学生回答："到！"如果我们说："同学们！同学们！同学们！"学生齐声回答："到！到！到！"对于大声回答和多种多样的应答方式，无论处于哪个年龄段的学生都能很快学会，并且快乐应答。很快，如果你对着学生大声喊："同学们，中招啦！"你的学生将会回应："到，中招啦！"你在抓住学生注意力这一点上使用的方式越多，学生在课堂上的积极参与度就会越高。

镜像模拟法：学生吸引法

当我们希望学生全身心参与我们的课堂（所有的教师无时无刻不在渴望学生能够全身心投入课堂）时，一位全脑教学教师会说："镜像词语！"并举起她的手。学生会回答："镜像词语！"同时也举起自己的手。教师缓慢地讲话，做出与讲话内容相匹配的手势。她的学生也重复她说的话，并模仿她的手势。

镜像手势和重复课堂词语能触发学生大脑的视觉皮层、运动皮层和听觉皮层。镜像课堂包括了看、动、听和讲。我们不会只用一种方法来训练学生的运动型学习，我们还会用另外的方法来训练学生的视觉型学习，再用别的方法训练学生的听觉型学习。我们提倡同时使用所有的学习模式。

请想象一位篮球教练，他教有天赋的运球选手运球，教有天赋的投篮选手投篮，教有天赋的篮板球选手打篮板球。教练针对每个球员体力、天赋和他们的学习方式设计了课程。这样的练习可能是愉悦的，每个孩子都能够做自己最擅长的事情。当然，在游戏时间，如果被叫去进行超出他们技能之外的游戏表演时，参加游戏的孩子也会感到苦恼。

最伟大的运动员们经常被描述为“全能型”人才。他们在参与运动的每一项任务中总能超常发挥。我们希望我们也能赋予学生同样的期望。在全脑教学里，尤其是在运用镜像模拟法时，我们不会只关注一种学习方式，我们关注所有学生的心理认知技能。我们希望学生去发展他的每一种认知技能，而不仅仅只发展他们的天赋。

在镜像模拟法中，我们使用两种手势，随意手势和记忆手势。随意手势会让课堂呈现视觉效果。如果你在讲解动作动词，你可能会不停地摆动你的手臂就好像你真的在跑一样。如果你在谈论密西西比河，你可能会沿着河的轨迹从明尼苏达州下到新奥尔良，在空中画一个虚拟的地图。如果你在谈论三只小猪，你可能会模拟表演用稻草、木头和石头来建房子。

记忆手势是和核心概念联系起来的手势。如果这堂课教大写字母，你可能会举起一只手放在另一只手上面，以此表示大写字母就是“大的字母”。如果你和学生在讨论分类，你可能假装你正在点数、分类卡片。如果你和学生在讨论猜想，你可能会通过若有所思的挠头来进行肢体表达。随意手势可能会因教师的不同而多种多样，记忆手势对于每一所学校的每一位全脑教学教师来说，则应该是相同的。随意手势和记忆手势都通过镜像词语来进行强有力的沟通。

大脑的真相：

在大脑中没有单一的记忆区域。视觉记忆存储在视觉皮层。运动记忆存储在运动皮层。

听觉记忆存储在听觉皮层。在全脑教学里，更多参与学习的大脑区域会共同创建更多的记忆。

计分板激励法

在全脑教学里，我们不会用糖果、彩票、游戏币、罐子里的弹珠或者商场在线销售的小饰品来激励学生。我们是教师，不是游艺团里大声招徕顾客的人。放弃那些对学生不起作用的款待……除非你想把孩子变成乞丐。

亲爱的同事们，丢掉你所谓的百宝箱吧！

我们使用T型图来替代丢掉的百宝箱。

这儿有一组从幼儿园开始的等级计分板。

第一级

宝宝早教学校　　二年级

为了用成绩而不是糖果来激励学生，我们将计分板积极的一边标注成比目前年级水平高两级的水平。在幼儿园，计分板消极的一边标注的是宝宝早教学校。对于五岁的孩子来说，能够不被人认为幼稚，是一种强有力的激励手段。

下面是一个三年级的计分板。

第一级

一年级　　五年级

在上面的分级中，我们将计分板积极的一边标注成了高两级的水平，这就意味着本身是三年级的学生升到了五年级的水平。这样的话，对于三年级的学生来说，哭脸就意味着本身是三年级的学生降到了一年级的水平，而笑脸则意味着升高到了五年级的水平。

在中学，有些学生并不喜欢笑脸和哭脸。我们会使用下面这些中学生喜爱的替代品。下面是针对九年级学生的计分板。

第一级

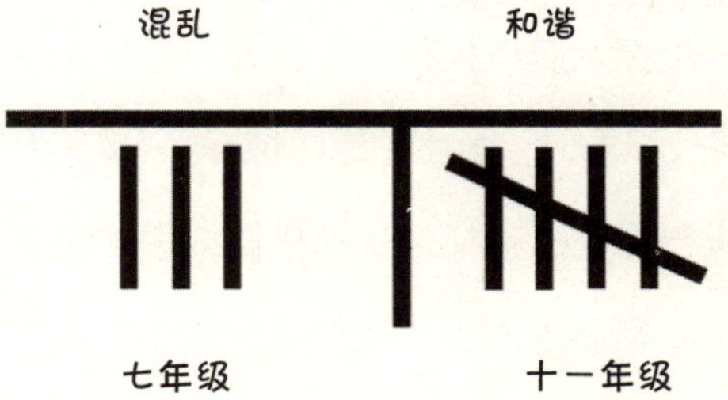

第一级

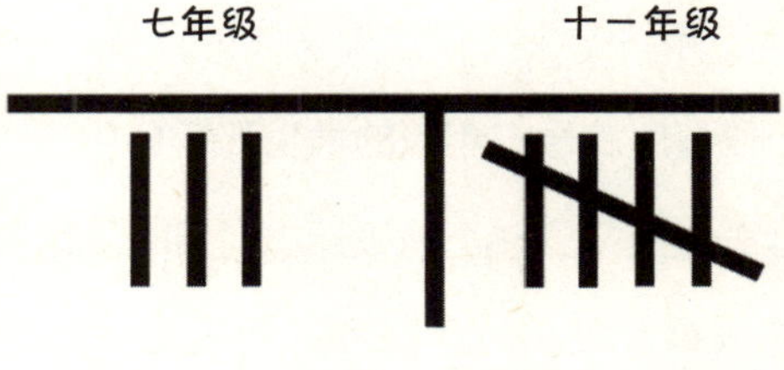

第一级

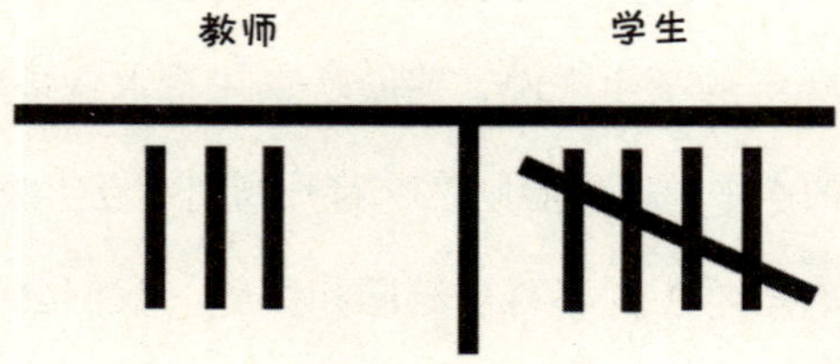

关于初中和高中的全脑教学法在全脑教学网站的“免费电子书”里能获得很多详细信息。

计分板的一边标示着积极行为，另外一边标示着消极行为。当班级获得一个积极标志时，学生拍掌，惊呼：“哦，太棒了！”

学生的积极行为例子包括：快速排队或快速坐下，有条不紊地走到地毯上，用明确易懂的手势教相邻的同学，在得到老师允许前坚持举手示意，专心听老师的指示，等等。

在三年级里，当我们在计分板的一年级水平那一边标上哭脸标志，我们所表达的意思就是：“这是一年级学生解决数学问题的方式！哦，天哪，这是一年级学生写你这篇文章的速度……整个背后一排的学生朗读这个段落时就像一年级的学生那样！”

当学生在计分板上得到一个消极标志时，他们耸肩抱怨：“哎！”消极行为的例子就像你所猜测的那样，与积极行为相反，它包括：慢条斯理地排队或坐下，磨磨蹭蹭地准备学习材料，在老师讲话时走神，等等。

当一个学生表现出色时，班级作为一个整体会得到一个积极标志。我们喜欢闪光点——在我们的榜样学生身上突然产生的积极行为。但是，我们从来没有因为某个学生的消极行为而给整个班级一个消极标志。有些学生，通常是我们最难管教的学生，在意识到他们可以让班上每个人付出哭脸的代价时，他们会因自己阴谋得逞而洋洋自得。当一些孩子没有举手就讲话时，一个消极标志可能会标记在计分板上。但是，当故意犯规的学生不举手就说话时，即便多次犯规，我们也不会让整个班级付出哭脸的代价。

积极标志和消极标志之间的差距不能超过三个。如果你太过频繁地奖励学生，他们会变得对奖励不再热心；如果你太过频繁地惩罚学生，他们会变得消极怠工。记住：一定要让计分板游戏始终保持令人兴奋激动的状态。

注意：我们已经在计分板的标题上标注了级别。对于玩着视频游戏成长起来的一代来说，这将让我们的激励对象——我们的学生毫无抵抗力地积极参与进来。当孩子们好奇地问道："赢了游戏，我们可以得到什么呢？"你可以回答："你们将赢得足够的时间，就像视频游戏一样，你将闯过一关，进入下一关！"

在下一章中，我们将详细地描述计分板的分级，这个分级适用于幼儿园到高中的任何年级。

保持课堂统一性：五项课堂守则+钻石守则

在开学第一周里，教你的学生五项课堂守则和钻石守则。

课堂守则一：快速听从指令。

课堂守则二：在开口说话前请举手。

课堂守则三：在离开座位前请举手。

课堂守则四：做出聪明的选择。

课堂守则五：让你亲爱的老师开心！

钻石守则：将你的注意力始终放在目标上。

在这一节里，我们将描述每一个课堂守则，并为实施每一个课堂守则提供一个简单的分两个步骤的实施计划。

课堂守则一：快速听从指令。

以迅雷不及掩耳之势快速进行课堂过渡的秘密。

请不要读这一节，除非你有体检合格证，否则你可能会被气坏的。请确保你的医生能够保证你的心脏可以承受住看到学生用闪电般的速度从一个课堂活动过渡到另一个课堂活动时的震惊。

20年前，当我们在加利福尼亚州的尤凯帕设计全脑教学的基本框架时，我们毫无疑问地赞同课堂管理守则一就应该是“快速听从指令”！从每一个年级的阅读到写作到数学到排队，缓慢的过渡不仅浪费时间，而且会导致混乱。如果你想要一个失控的课堂，那么去鼓励缓慢而懒散的课堂活动过渡吧，如果在很久之前你的课堂就已经这样了，那么你的孩子们将大喜若狂。

请仔细琢磨这些真相。我们的学生很慢地打开他们的课本，因为我们从来没有花时间教他们要快速地打开他们的课本。对任何年龄段的孩子来说，如果他们永远都在慢悠悠地拿出纸张，那是因为我们从来没有教他们快速地拿出纸张。我们的孩子们，日复一日，周复一周，排队总是出奇得参差不齐，因为只有当他们真正排队的时候才是教师惟一教他们如何排队的时机，而那时恰恰是我们最没有空教孩子的时间。

下面有一个简单且容易操作的方法，它分两个步骤进行，为了让孩子们快速遵从指令，这一方法已经被成千上万的教师亲身实践。

步骤一

在你课堂最开始的几分钟里，在你教学生课堂守则一之后，请强烈要求学生反复练习守则一，一天五次。你说："课堂守则一。"然后举起一根手指。你的学生回答："快速遵从指令！"并且迅速在空中挥舞手指。不要急着进行第二个步骤，直到你的学生能够迅速且愉悦地回应你关于课堂守则一的暗示！你让这种反复练习变得越有趣，你的学生遵守课堂守则的积极性就会越高。我们全脑教学的一个座右铭就是：学习过程越有趣，学生学到的东西就越多。

步骤二

教你的学生练习三遍重复法。你说："拿出黄色文件夹！"学生一边拿出黄色文件夹一边回应："拿出黄色文件夹！拿出黄色文件夹！拿出黄色文件夹！"当学生将文件夹翻到正确的页码时，我们会建议学生快速举起双手，并挥舞他们的手指快乐地低声庆祝："耶！"学生可以一直庆祝他们的胜利，直到教师突然伸出一只手在空中迅速舞动。你可以利用学生这段庆祝的时间帮助那些动作缓慢的学生。

在使用三遍重复法的过程中，如果你说："准备铅笔！"你的学生大声回答："准备铅笔！准备铅笔！准备铅笔！"然后，挥舞铅笔庆祝胜利，直到你发出"是时候安静下来了"的信号。

我亲爱的同行，请一定要听我说！不要试图在铃响之前教学生排好队。你没有时间。当你时间充裕时，可以让学生每天进行五次排队练习。你说："排队！"你的学生大声回应："排队！排队！排队！"

同时通过你规定的排队方式排好队。

你说："坐下！"你的学生大声回应："坐下！坐下！坐下！"在他们坐下的过程中，他们可以一直欢呼庆祝。为了让学生有更多的动力参与到课堂中，你还可以用秒表为这些课堂活动计时。然后，你会无比惊喜地看到，你的学生们前所未有地积极参与参与学习。

无论什么样的课堂程序，你让学生反复练习的熟练度越高，你所要求学生做的反复练习就越能让学生感到愉悦轻松。

请冷静一下。一个振奋人心的迹象就是你正在向教师天堂靠近。

我需要做出的转变是：________________

____

____

____

____

我的计划是：________________

____

____

____

____

____

课堂守则二：在开口说话前请举手。

课堂守则三：在离开座位前请举手。

训练不假思索脱口而出的学生和喜欢闲逛的学生

在你正在兴致勃勃地讲课时，一个爱闲聊的孩子不假思索地脱口而出："什么时候可以吃午餐？"你条件反射地脱口而出："还要我跟你说多少次在你开口说话前请举手！请举手！请举手！"你自己乖乖地配合学生的情绪，任由心中的熊熊怒火燃烧。

欢迎教学中的炼狱。太多的时候，我们总是以我们不希望对待学生的方式那样去对待他们。经过一年多的朝夕相处，我们自己映照出了学生的情绪冲动。我们试图用我们的熊熊怒火来扑灭孩子们的小怒火。

为什么孩子（和老师）会不假思索地脱口而出呢？从科学的角度来说，因为从大脑的边缘系统到前额叶皮层有更多的连接，反之亦然。换句话来说就是，感性控制理性比理性控制感性更容易。另一个科学的观点是：我们大脑中的镜像神经元决定着我们所能观察到的模仿行为。你对我不假思索地脱口而出，我也对你不假思索地脱口而出。诸如此类。听到那边的教师和学生在课堂上相互冲着彼此叫喊了吗？这就是教学上炼狱般的繁忙生活。

责骂并不能改变行为。如果责备孩子能够将他们转变成模范学生，那我就可以写很多畅销书了，比如《责备就像赞美一样》、《有力责备的五个秘密》、《如果他们没哭，那他们就不会成功：一个曾经的糖果派的忏悔录》。

如果责备不会改变行为，那应该怎么办？练习。

你可以设想一下，在两个网球教练中，你可以自由地选择你喜欢的教练。一个网球教练因为你不好的打球技巧责备你，另一个网球教练帮助你练习好的击球技巧。哪一个教练会提高你的打球水平？作为教师，不知道如何处理难控制的学生或者班级？那就请让学生练习良好的行为。

下面是全脑教学系统中的教学方法，它分两步进行。在将喜欢不假思索地脱口而出的学生转变为讲话之前先举手的学生这一点上，这个方法在美国学校的课堂管理中试验了十余年。（作为一种补充说明，我将描述同样的教学策略如果用在那些学生没得到教师允许就四处走动的课堂上会是什么样的效果。）

步骤一

在开学的第一周或第二周的快结束的时候，你应该带着学生每天复习课堂守则五次。在复习全脑教学课堂守则二的时候，你可以伸出两根手指，同时说：“课堂守则二！”你的孩子们回应：“在开口说话前请举手。”同时将一只手伸向空中，然后迅速收回伸出去的手，将其放在嘴边，用他们的手指做出要说话的姿势。让这个练习变得有趣一些。你还可以使用多种多样的语调和手势。学生模仿有趣的语调和手势会让这些练习变得更加有趣。请确保每一个学生的镜像神经元都感觉到快乐。

步骤二

在开学第三周快结束的时候，你的大部分学生都将牢记课堂守则二。然后，你可以说：“大家在课堂守则二方面已经做得非常到位了，但是现在让我们看看你们如何帮助你的课堂小伙伴来遵守这一守则。我将假装我在讲话。雷纳尔多，你在不举手的前提下来打断我的讲话，并说‘我有一只新小狗’。”（雷纳尔多是你认为最阳光、最勇敢的孩子。）你随意就某个主题说了几句话，并冲着雷纳尔多点头。他打断了你：“我有一只新小狗！”向他表示祝贺，这是多么典型的脱口而出！你接着说：“同学们，让我们再练习一遍。但是，这次在雷纳尔多打断我的时候，我将会说‘课堂守则二’，你们要做出相应的手势来回应，同时大喊‘在开口说话前请举手’。”说完后，你开始若无其事地讲话，雷纳尔多开始不假思索地脱口而出：“我有一只新小狗。”你立即打断他，对着全班学生说：“课堂守则二。”你的学生快速回应：“在开口说话前请举手！”在阻断一个同学大脑边缘系统的过程中，其他学生的大脑边缘系统会感到非常愉悦。

我们称这个方法为“错误方式—正确方式”。先练习错误方式，然后再练习正确方式。反复练习。你正在积聚理性的力量来控制学生的情绪。

使用同样的方法来练习全脑教学系统中的课堂守则三“在离开座位前请举手”。利用手势反复练习这一守则，学生举起手，然后在空中舞动他们的手指。接着再使用“错误方式—正确方式”这一方法。

在你的提示下，雷纳尔多在没有得到允许的情况下便离开了他的座位。这是破坏课堂守则最典型的行为。雷纳尔多又一次没经过你的允许就离开了他的座位，你喊出：“课堂守则三！”学生大声回应：“在离开你的座位前请举起你的手，得到老师的允许！”

如果你先练习错误方式，然后再练习正确方式，一天进行五次这样的练习，不久，你就会很高兴地看到更多的学生做对了。没有一个学生喜欢体会做错了事的感觉，这就是为什么他们总会否认自己在做不得体的行为。

“玛姬，停止做这件事！”

“我什么都没做！”

这很奇妙。就像上面我们所描述的方法那样，你控制住了学生在课堂上的打断行为、不假思索脱口而出的行为或者不经允许擅自离开座位四处乱走的行为，并将这些行为转化成遵守统一的课堂守则。无论何时，一个守则被打破的时候，正是它变得更强大的时候。

课堂守则四：做出聪明的选择。

聪明的选择是一个古老的秘密。

让我们仔细思考全脑教学的前三个课堂守则。每一个守则都将帮助教师解决一个教学问题。实施课堂守则一“快速遵从指令”，将加速课堂活动之间的过渡。实施课堂守则二“在开口说话前请先举手”，将带来井然有序的讨论。实施课堂守则三“在离开座位前请先举手”，将让你的课堂摆脱变成儿童碰碰车的困境。课堂守则四“做出聪明的选择”是一个非常大、非常重要的课堂守则。

无论是在课堂外还是在课堂内，做出聪明的选择也许是所有人类行为的基本原则，在我教授哲学40年期间，从公元前5世纪雅典的苏格拉底到20世纪巴黎的让·保罗·萨特这些哲学家都从来没有就任何一件事达成共识，但他们都认为：人类将谨慎地使用他们的理性……他们将做出聪明的选择。

哲学家们相信聪明的选择包括自觉；柏拉图主张最聪明的选择是研究数学以深入思考永恒的真理；萨特认为最聪明的选择是真实地生活，永远不要因为你的生命际遇而指责埋怨他人。

尽管有分歧，但哲学家们都相信好的生活是通过在做出聪明的选择这一点上不断地锻炼我们的理性来达到的。

全脑教师已经发现课堂守则四是极其有力的。这个守则涵盖了学生在学校、家里、互联网、和朋友外出、全身心地投入一项体育运动或爱好以及所有事情的各个方面。从童年到成年，我们都需要做出聪明的选择。课堂守则四在处理学生课内课外的每一种乱纪行为方面取得了特别好的效果。

实施课堂守则四“做出聪明的选择”非常简单且容易操作，现在就快乐地实践起来吧。

步骤一

每天复习课堂守则四遍。教你的学生：课堂守则四“做出聪明的选择”的手势是用他们的手指轻拍他们的太阳穴三次。你可以在一天的任何时间随机喊出“课堂守则四”（或者其他课堂守则），你的学生要马上回答守则内容，并做出相应的手势。

步骤二

在你的学生掌握了课堂守则四“做出聪明的选择”，并能熟练做出相应的手势之后，你惟一的问题就是寻找实施这些课堂守则的机会。你可以在故事中讨论主人公做出的聪明选择和愚蠢选择，在历史课堂上讨论著名人物做出的聪明选择和愚蠢选择，然后在这一游戏中反过来讨论学生做出的聪明选择和愚蠢选择。在开始课堂守则的日程规划练习或者技巧训练之前，你可以要求学生讨论一下他们可能会做出的聪明选择和愚蠢选择。

下面这一点非常关键。如果一个孩子提出了自己的要求，这在你看来是不正确的，但在他看来却是聪明的选择，这时你可以这样回应他：“很好。但是更聪明的选择会是什么呢？”这可能意味着接下来会有一个重要的讨论，但这是完全值得的。告诉你的学生：聪明的选择总是存在无限可能的。

课堂守则四在运动场上的运用

我们经常会在会议上向无数教育者展示和阐述全脑教学技巧，但是从来没有谈论过课堂守则四如何才能运用到运动场上。这样的疏忽简直让我们感到很羞愧。

试着和你班上的学生这样说（当然是用镜像词语和镜像模拟）："我们接下来将要讨论课堂守则四，在运动场上做出聪明的选择，为了让这个游戏更加有趣和清楚，我们将用两根手指来代替运动人偶。用你每只手的两根手指，沿着课桌四周移动你的手指运动人偶。（孩子们照做。）非常好！现在，想象你的课桌是运动场。假设你的两个手指运动人偶在玩绳球游戏的时候做出了愚蠢的选择。向你的邻座展示这看起来像什么，并且解释每一个运动人偶都将说些什么。（孩子们大笑，并且照做。）非常好！现在，用两个聪明的手指运动人偶向你的邻座展示，玩绳球游戏时，做出聪明的选择是什么样的，以及聪明的选择听上去是什么样的。"

这个方法不仅可以用于学生讨论在运动场上做出的选择，实际上，学生在课间休息期间做出的每一个古怪的行为都可以用两只愚蠢的手指运动人偶和两只聪明的手指运动人偶来扮演，以让学生明白什么是愚蠢的选择、什么是聪明的选择。

比如说，在课间休息期间，朱妮走近你，告诉你她和马丁吵架了，她对自己这段时间的表现不佳感到非常苦恼。为了降低朱妮的沮丧情绪，你可以让她用两只运动手指人偶向你展示马丁的愚蠢选择，以及她对此是如何做出反应的。然后，用你的运动手指人偶向朱妮展示对于她来说有用的聪明选择，这是一个必须解决的问题。最后，如果有必要，主动找到马丁，看看你的运动手指人偶能否教他的运动手指人偶遵循课堂守则四。

课堂守则五：让你亲爱的老师开心！

你是否需要一个让学生停止自顾自地在背后讲小话的课堂守则？来看看这个通往教学天堂路上的黄金路标吧。

当我们开始创建全脑教学课堂守则时，我们的目标就是发现每一个课堂问题。

我们想要创建的是两三个尽可能针对特殊状况的课堂守则，一两个能够针对多种学生扰乱课堂行为的课堂守则。

因此，我们有三个课堂守则针对的是单个的课堂问题。

就像我们前面所描述的那样，我们使用课堂守则一“快速遵从指令”，来解决两个课堂活动之间过渡太慢的课堂问题。

课堂守则二“在开口说话前请先举手”，是针对那些控制不住自己喜欢和别人聊天的孩子们。

课堂守则三“在离开座位前请先举手”，可以确保在上课期间，学生有序地坐在座位上。

可惜的是，这三个课堂守则不可能涵盖学生的一切不恰当的课堂行为。课堂守则四“做出聪明的选择”能够非常好地全面应对学生做出的每一个决定。课堂守则四能够适用于任何前三个课堂守则没有包含的问题。

那么，为什么我们还需要课堂守则五“让你亲爱的老师开心”呢？课堂守则五能够解决那些和你争论课堂守则一到课堂守则四且对自己违反课堂守则的行为进行狡辩的难管教的学生！

那些爱到处走动的学生会声称他们遵守了“快速遵从指令”的课堂守则。

那些爱讲小话的学生会声称他们没有跟任何人讲话。

你的那些难管教的学生甚至会否认他们离开座位的行为……而当他们声称自己没有离开座位的时候他们正站在教室中间！他们会说：“我没有离开座位，我只是在削铅笔。”

当然，你的这些难管教学生还会和你争论他们的所有选择都是聪明的选择，不管这些选择看上去有多么愚蠢！

那么，陷入这些困境的教师应该怎么做呢？你需要一个没有任何争议的课堂守则！我们从来没有发现一个学生能够成功说服他们的老师，让老师认为他们违反课堂纪律的行为能够让老师开心。课堂守则五是争论的终结者，是使对方哑口无言的最终辩论。

如果家长或者学校管理者针对这样的课堂守则找你麻烦，你可以这样向他们解释 ：“我知道‘让你亲爱的老师开心’听上去好像是为了我自己，但是情况并非如此，我惟一开心的事情就是看到我的学生好好学习。”

下面是实施课堂守则五的两个步骤。

步骤一

就像前面所提到的那样，每天练习五次，每次一分钟左右。反复练习这五个课堂守则。你喊出课堂守则的数字，你的学生快速回答相应的课堂守则内容并做出与之对应的手势。三到四周之后，在课堂上寻找机会强调课堂守则五。在练习课堂守则期间以及白天的任意时间，你喊：“课堂守则五！”学生回答：“让你亲爱的老师开心！”同时，用他们的手指表达出他们的笑脸。

作为对课堂守则五的一个解释说明，你可以对你班级的学生这样说 ：“让我开心不需要你们买礼物或者任何东西。我只希望看到一件事，那就是看到你们在学习，你们作为学生能够不断成长将让快乐满溢在我的心间。”

步骤二

当你大声喊出“课堂守则五”时，一旦学生能够立即回答出正确的守则内容并做出相应的手势，你就可以实施课堂守则五了。

挑选一个活跃的学生莎拉，跟她说：“我将假装我在上课，然后我会对你说‘莎拉，请集中注意力’，我希望你用真实的态度回应我‘我正在集中注意力’。”让莎拉示范她将如何回应你，然后持续练习，这将让全班的学生震惊不已……一个同学正在和老师顶嘴！因此，一个小小的滑稽剧就上演了。当莎拉顶嘴时，你大声说：“好样的，莎拉！这是一个非常好的破坏课堂守则五的例子！同学们，伸出十个手指，为莎拉喝彩！”“哇喔！”（欢呼声比掌声更有趣。）

然后，你可以接着说：“当莎拉顶嘴时，我会和大家说‘课堂守则五’，我希望大家用手势回应我，并迅速说出‘让你亲爱的老师开心’！”

按这个方法练习一到两次，直到全班学生都能立即对课堂守则五做出正确的回应。

无论什么时候，只要有必要，就要像刚刚我们所描述的那样按这个方法练习，坚持练习一段时间。此后，我们发现杜绝学生课堂挑战行为的关键就是在学生捣乱行为开始之前，练习我们的课堂守则。

我们在实施课堂守则五时发现的惟一一个问题就是学生太渴望用到课堂守则五！当你亲爱的学生一旦听到课堂上有小声的胡闹声时，他们立刻就会大声喊出“课堂守则五”！当这种情况发生时，你可以开心地微笑着说：“我非常感谢你们能如此快速地使用课堂守则五……但是请相信我，当我认为有必要使用课堂守则五时我会告诉你们。”哦，开心的一天……你的孩子们在你身后悄悄低声讨论他们的调皮行为，并为你机智的处理方法感到惊讶。

钻石守则：将你的注意力始终放在目标上。

钻石守则是全脑教学宝典中新增加的重要守则。克里斯·雷克托尔，全脑教学体系的共同创立者，他有一群真正让他刻骨铭心的难管教的学生。我根本不相信有这么难管教的学生，于是决定自己亲自去探个究竟。当我开足了马力，期待在课堂上驰骋一番时，我开始意识到：几乎有一半的学生甚至都没有看我一眼！然后，我想到，曾几何时，特别是在我下午召开的会议上，大部分参加培训的教师都发现除了我以外，还有很多其他吸引他们注意力的有趣的东西，作为教师的他们也会将注意力转移到他们感兴趣的东西上。

刚开始的教学指令必须通过学生关注正确的方向才能得以维持。学生的目标可能是教师、黑板、书本、其他的学生、录像、科学实验。如果你的孩子们没有关注他们应该关注的地方，他们是不可能学到很多知识的。

钻石守则“将你的注意力始终放在目标上”的手势是将你的两根手指指向你的眼睛。然后，将你的两根手指指向你自己（或者其他目标）。你可以在开学第一天的第一分钟向学生介绍钻石守则，并且让这个守则贯穿整个学年。就像财迷一样，你将在你美妙的教学宝库中因为得到这个钻石守则而窃喜一番。

步骤一

就像其他的课堂守则一样，频繁地教授和练习钻石守则的内容以及与之对应的手势。甚至在讲课中间，你也可以突然喊出：“钻石！”你的孩子们将回应：“将你的注意力始终放在目标上。”学生的手势是：将两根手指从他们的眼睛移向当前应该注视的目标，他们的目标可能是你、其他的学生、书本或者其他任何事物。

步骤二

在必要的时候，教师可以使用“错误方式/正确方式”这样的练习方法加强学生对钻石守则的理解和运用。告诉你的学生，让他们像在计分板消极那一边标注的比他们本身年级低两级的学生那样去行动。你可以先进行“错误方式”练习，举个例子，你在讲话的时候，学生就忽视你，他们环视整个房间。哦，好迷人的天花板。一个好孩子玛丽站起来，在全班同学面前演讲，同学们也毫不忌讳地忽视她。然后，要求一位难管教的学生在同学们环顾房间的时候，站起来讲话并忍受同学们的忽视。

接下来，你带着学生开始正确方式的练习。“向我示范，当某些事情发生时，比你们高两级的学生会如何行动？”学生非常高兴，他们喜欢模仿比他们大的孩子的成熟行为。毫无疑问，你的话音刚落，你三年级的学生就会迅速模仿五年级学生认真的样子将注意力转到你身上。

大脑的真相：

大脑的边缘系统（情感）到前额皮质比到其他周围区域会有更多的连接，因此情感控制我们的理智比理智控制情感更容易一些。你越责骂你的学生，你就越可能接收到学生难以自控的激动情绪，而不会接收到学生理智的反应。

催化剂：让学生当老师

你讲的时间越长，你失去的学生就越多。讲课过程中，教师需要注意的就是要简短地讲话，一次不要超过2-4句。然后，给学生机会去和其他人练习你的课程知识点。（在幼儿园，全脑教学教师会用“告诉你的邻座”来有效实施“让学生当老师”这一教学法宝。）

脚本：让学生当老师（三年级）

教师：同学们！同学们！

学生：到！到！

教师：镜像模拟！镜像模拟！

学生：镜像模拟！镜像模拟！

教师：（将一个拳头放在另一个拳头上面）一个分数有两个数字。

学生：（模拟教师的手势）一个分数有两个数字。

教师：（来回晃动上面的那个拳头）上边的数字是分子。

学生：（模拟教师的手势）上边的数字是分子。

教师：（来回晃动下面的那个拳头）下边的数字是分母。

学生：（模拟教师的手势）下边的数字是分母。

教师：现在，转向你的邻座，用夸张的手势解释分子和分母。（拍掌两次）开始教！

学生：（拍掌两次）好的！（学生开始教他们的邻座什么是分子和分母。）

让学生当老师是全脑教学应对传统教育中教师与学生疲惫交流困境的有效解决方案。学生听到老师说话的要点，立刻转身向邻座解释这个要点。

积极参与：变换法

我们希望那些喜欢闲聊的学生学会专心倾听，安静的学生学会大胆说话。当孩子们在实践让学生当老师这一教学法宝时，他们的角色互换了。其中一个学生是讲话者，另一个学生是倾听者。讲话者重复教学内容，并做出相应的手势，倾听者模仿讲话者的手势。当讲话者结束了这轮游戏，他们相互击掌庆祝，并说："交换！"于是，讲话者变成了倾听者，倾听者变成了讲话者。举个例子，拉瓦卡是讲话者，他负责边用手势边向蒂姆解释热带雨林这一知识点，蒂姆模仿他的手势，如果蒂姆愿意，他还可以重复拉瓦卡的话。拉瓦卡结束后，和蒂姆击掌庆祝，然后两人都说："交换！"于是，蒂姆变成了讲话者，拉瓦卡变成了倾听者，学生不断地进行角色互换，直到教师喊："停！现在我们开始学习下一个知识点！"

重中之重：手眼结合

每隔五到十分钟，你可能会在某个时间点要求学生集中注意力。你用坚定的声音大声说："手眼结合！"并迅速将手叠放在一起。你的学生马上回应："手眼结合！"并模仿你迅速将手叠放在一起。然后，你在全班学生的密切注视下愉快地阐述你的重要观点。记住，要特别重点地宣布某个消息时，你可以大声呼喊："手！手！手眼结合！"边喊还要边拍手。你的学生重复你的话，然后屏住呼吸紧张地等待你的下一句话。

在本书接下来介绍的游戏中，我们通常会涉及七大教学法宝中的一个或者两个甚至更多个法宝。现在开始我们的前十个课堂游戏，我保证这些都是让学生拍案叫绝、无法抗拒的欢乐游戏。

我们可以在学年的任何时间开始这些课堂游戏。如果你在这个学期开始得有点晚了，没关系，你可以简单明了地说：“通常，在一个学期的这个时候，我会在课堂上进行一些有趣而先进的课堂游戏，我认为大家都已经准备好了。”

相信我，你的学生一定会喜欢这些课堂游戏的，马上开始行动吧。

3

第三章

调动学生积极性的课堂游戏

会玩的孩子会向着掌握知识的新阶段前进。

——埃里克·埃里克森

前十个课堂游戏中的八个游戏都专注于课堂管理。在课堂游戏中，你将发现教师可以将课堂环境调整到最佳状态。最佳的课堂环境可以提高学生的课堂表现，培养个性化成长，增加学生学习动力，提升学生领导力，以及高效地帮助纠正难管教学生和让人又爱又恨的课堂捣蛋鬼。此外，你还会发现一个可以提高写作能力的非常强大的课堂游戏和一个让学生欲罢不能的核心知识评估竞赛游戏。

课堂游戏 1

进步神速组游戏

全脑教学的首要目标就是要因学生的进步而奖励学生，而不是因学生的能力去奖励他们。相对于奖励学生去完成有挑战性的学习任务来说，我们更多地会去奖励那些认真完善自己学习任务的学生。在传统教育里，因为学生的能力去奖励学生会导致相同的学生年复一年地赢得大家的认可。那些最具天赋的滑冰选手总是用最小的努力就频频赢得诸多荣誉，而那些少有天赋的学生总是被比赛无情地淘汰，这样的教育系统无时无刻不在提醒缺乏天赋的学生他们没有能力赢得比赛。

当你因进步而奖励学生时，每一个学生都会因为打破个人纪录而受到积极的关注。在同一竞技场，特殊教育的学生和有天赋的学生都可以在游戏比赛中发现自己的优势和进步。玛丽亚的父母小学都没有毕业，赫尔曼的父母都是医生，这两个学生的阅读速度都提高了10%。在传统的课堂中，当赫尔曼获得了周阅读之星时，玛丽亚这个阅读能力很弱的孩子很可能会面临失败，而在全脑课堂中，同样的奖励会同时给予玛丽亚和赫尔曼。相比学生的技能而言，我们更多地是为学生的进步而庆祝。赫尔曼必须日复一日地保持不懈努力，或者只能看着玛丽亚作为进步神速者赢得大家的认可。我们一遍又一遍地和我们的孩子交流的理念就是你惟一必须超越的人就是你自己。我们的箴言，再强调一次，相比学生的技能而言，我们更多地奖励学生的进步，我们基本的教学策略是进步神速组。

把这张进步神速组图尽可能早地张贴在教室的墙壁上，可以是开学第一天，最好不要晚于开学第三周。就像你在稍后将会看到的那样，这个计分板关注的重点是整个班级，而进步神速组关注的重点是学生个体。

创建一个十级的用颜色标注的等级表，为每个等级起一个名字，从最小到最大升序排列，这样比较容易让学生兴奋。一个以自然为主题的排序可能从蜗牛开始，一直上升到隼。一个以海洋为主题的

进步神速组：中学

活传奇
名人堂
超级巨星
最有价值球员
全能明星
队 长
领 队
先进队员
新队员
粉 丝

☆☆ 学生1	☆☆ 学生2	学生3
学生4	学生5	☆☆☆ 学生6
☆☆ 学生7	学生8	学生9
学生10	学生11	☆ 学生12
☆ 学生13	学生14	学生15
☆ 学生16	☆ 学生17	学生18
学生19	学生20	学生21
学生22	☆☆☆ 学生23	学生24

排序可能从浮游生物开始，一直上升到蓝鲸。将每个学生的名字（或者编号）放在展示板的右边。

在进行进步神速组游戏的第一天，为所有学生设置一个或两个目标。举个例子，每个学生都能在遵循课堂守则一和保持书写整洁这两个方面取得进步（或者提高阅读速度，或者教邻座时使用相应手势，或者掌握数学算法，等等）。当你看到学生进步时，记得表扬你的学生。如果这种进步模式持续了好些天，那么请给学生奖励一颗星。当学生获得了十颗星后，标有学生名字的那一栏就可以变颜色了。举个例子，你决定将关注重点放在奖励学生在课堂守则一“快速听从指令”上的进步，赫克托——一个反应有点迟钝的学生，当他拿出学习资料时，他在速度上有了提高。记得表扬他，如果他持续几天都有进步，脱胎换骨的赫克托变得行动非常迅速，那么在他的名字上给他一颗进步神速星。达芙妮——天生的行动迅速派，她在整理课桌的时候比平时更加精力充沛。记得表扬她这些天表现出来的新天赋。然后，给达芙妮奖励一颗星。

我们这一整年的策略是：在学年刚开始的时候给予很多表扬，但给学生的进步星在一开始的时候要少，这样就会让进步星显得更有价值。年中的时候，我们会少一些表扬，多给学生一些进步星作为奖励。在学年末的时候，如果你希望学生能量满满，那就下一场星星雨！

现在，请集中你的注意力。你必须改变你看待事情的方式。你不是在发现好学生，你是在发现进步的学生。你不能只为全班学生选择一个统一的目标，除非每个学生在实现这一目标的过程中都能获得进步和成长。因此，不要将安静地走向走廊作为班级目标，除非每个学生在他们走出教室时都会吵吵闹闹。教育者在进步神速组可能会犯一个普遍的错误，那就是奖励学生好的行为，而不是进步的行为。“同学们，看看，梅尔文写得多棒！我要给他奖励一颗进步神速星！”除非梅尔文整洁的书写变得更加整洁，否则教师此时不应该奖励他进步神速星。艾达的书写很糟糕，字迹难辨。尽管艾达有很多的优点，但书写显然不是她的优点。但是，看看这里！艾达找到了一个让书写更整洁的方法！那么，教师要给这个女孩表扬……日复一日地表扬她！然后，当艾达掌握了这个书写新技能后，奖励给她一颗进步星。

只要你愿意，你随时都可以改变班级目标，但是你这样做的出发点必须是为了学生能取得进步（重点关注学生如何取得进步）。如果学生能取得进步，你可以保持这个目标一整周。

为班级设置的学术性目标要包括阅读速度、掌握数学算法、提高书写技能、增加写作的复杂性、提高评估测试成绩、增强指导同学的能力、增大词汇的使用程度等。

班级的社会性目标包括增加友好的举动、使用语言来区别“好的行为举止”、少一些调皮捣蛋的行为、增强体育技能、争取做一个体贴的领导者、耐心指导低年级学生。对于学生自身来说，掌握积极的社会技能比提高学业成绩更难。因此，最好的办法就是给学生设置一个清晰明确的目标。你可以这样对学生说：“这一周，我打算重点观察你们行为举止方面的进步，今天我只想听到你们比平时多说‘请’，明天我们将增加‘谢谢’。”你还可以这样说：“我从来没有看到过我们班的任何同学和乔森先生班上的学生玩过，我很喜欢看到大家在这方面有所进步。”或者可以说：“在操场上，我看到了很多垃圾，但是我还没有看到我们班的人把这些垃圾捡起来。天哪，我很想知道我们是否可以在保持校园整洁方面取得进步！”或者可以说：“我们所有同学都需要在课堂守则一方面更进一步，让我们加快速度……每一天！”或者可以说：“我们有一位了不起的看管人，有一位伟大的校车司机，在我们的午餐厅里有很多让人敬佩的工作人员。我希望看到我的孩子们能对着这群可爱而有趣的人们微笑，并主动和他们打招呼。”或者可以说：“当我让你们去做某件事情的时候，我很高兴能听到这样的词‘好的’，没有什么比我听到‘好的！比尔弗老师’更让我高兴的回答了！”

几个星期之后，给一小部分学生一些个性化的目标。胡安需要努力保持把手放在身前，保持坐姿。玛蒂娜需要阅读更多高年级的书。如果有必要，你可以改变班级和学生个人目标，但是不要设置太多学生的个人目标，因为这会导致你必须不断记录学生个人目标的麻烦。针对你那些难管教的孩子，你要设置一些对他们而言最容易达到的进步目标。你可以私底下告诉默里：“如果你可以在第一次课间休息之前一直保持不把你的脚放到桌子上，那就是一种进步。”

你应对难管教学生的有效方法就是要求他们改善他们最让人恼火的行为举止，但让他们立刻有所改善是不可能实现的。萨米的哭真是让人很恼火的行为，因为萨米哭得实在是太频繁了。萨米哭得如此频繁，是因为哭是他应对这个使他沮丧的世界的自然反应，这种自然反应深深地连接在他的大脑树突里。给你那些难管教学生一些对他们而言最容易达到的进步目标。你可以告诉萨米他的目标是停止哭泣，然后再教萨米学习如何实现这个目标，不久以后，当他实现停止哭泣这一目标时，你给他奖励一颗进步星。

我们发现的应对我们可爱的捣蛋鬼学生最有效的策略就是给他们一个行为清单，让他们选择一个对他们来说最容易取得进步的行为进行考核。你可以为那些很难控制自己时间的学生设置一份清单，这样他们在每一个时间段的行为都是独立的：在第一次课间休息之前保持你的手放在你的身前，在下午走向图书馆的时候，保持你的手放在身前，等等。你可以在萨米的进步清单里包含不哭这个目标，但是要设定好时间和界限：如果你的绳球丢了，你没有哭；如果在早晨的绘画课上你没有因为蜡笔而哭泣，那你就在不哭这个目标上有了很大的进步！

总而言之：对学生进步的奖励，奖励的不是学生的能力，而是学生更好的行为。当然，奖励针对的是学生更好的行为，而不是学生最优秀的行为。选择一个或两个班级目标、学术性目标和社会性目标，并为实现这些目标而努力奋斗大约一个星期。请在班级中选择3-5名学生，这些学生中包括有天赋的学生、调皮捣蛋很难控制的学生、陷入困境的学生，为这些学生设置他们的个人进步目标。对于那些难管教的孩子，请让他们自己选择对自己而言相对简单且清晰的目标。在学生的名字下贴上你奖励给他们的进步星。当学生获得了十颗进步星，她的名字就会上升一个等级。因此，如果最低水平等级标注的是白色，第二水平等级标注的是蓝色，玛丽亚在白色水平等级累积了十颗进步星后，她的名字就从白色水平等级上升到了蓝色水平等级。

你可以考虑一下将电子游戏整合到你的进步神速组。在我们的年轻人中电子游戏的成功并非偶然。过去的30年中，游戏设计者在研究游戏攻略的过程中偶然发现一些令人难以置信的乐趣。斯坦福大学的研究表明，玩电子游戏时大脑产生的多巴胺会增加，大脑中能产生最强烈快感的神经递质也会增加。

电子游戏最常见的一个特点是，玩者能够不断进阶到高一级的水平。我不知道为什么电子游戏的这个特征如此令人陶醉……但事实证明：消费者宁愿在一个虚拟的世界中花费数十亿美元来赢得虚拟的胜利。在全脑教学中，我们从来没有发现一个在进步神速组中的学生能抗拒晋级到更高级别水平的兴奋感，也从来没有发现一个班级能够抗拒上升到计分板更高级别的诱惑。在这些全脑教学的游戏中，你越强调向上晋级的兴奋，就越能创造更高的学习参与度。

你可能不是电子游戏方面的专家，但是你的孩子，尤其是你的难管教的孩子，他们在电子游戏方面可是相当于拥有博士学位。

道具是电子游戏的一个常见特征。当你成功地晋级到一个更高的级别时，还会赢得一个新的道具，可能是一种临时的不能长久使用的力量，或者是一把揭开秘密的钥匙，或者是一个摧毁巨怪的炸弹，或者是一件隐形的披风。如果我们想用进步神速组培养团队领导者，那么不断晋级将让学生赢得持续增强的领导力。

下面我们启动了一个可能值得你探索的日程安排。课堂领导者可以扮演口号呼喊者的角色。当你指向这些课堂领导者时，他们就会喊出全脑教学课堂策略：集中注意力！镜像模拟法！手眼结合法！让学生当老师！课堂守则一、二、三、四、五，哦耶或者抱怨呻吟声，课堂呼喊声，交换，沉默镜像，魔力镜像，等等。每天早晨，在白板上写下需要喊出的口号内容。从集中注意力开始，然后，将其作为年度展示，让这份清单尽可能长一点。在进步神速组中，一个玩家所攀升的级别越高，你将其作为口号呼喊者，指向他/她的频率就要越高。如果你希望那些处于低水平的学生主动抱怨他们很少被你选上，那就太棒了！你可以说："展示更多的进步，在进步神速墙上攀得更高，你将成为一个口号呼喊者，拥有更多的机会锻炼你的领导力！"

进步神速组还有另一个常见的特性，尤其是在冒险游戏中，那就是角色扮演。为了增强学生的参与度，角色扮演是很有必要的，你可以使用以下角色：

秘密见习生：当你在学生的名字旁边写下秘密见习生时，他们就是秘密见习生。私下里，你可以给他们设置可以赢得进步星的个人目标。这对于你那些难管教的孩子来说是一个非常有效的策略。就像我们前面所描述的那样，给这些学生很容易实现的目标。保持秘密见习生组很少的人数，否则你的记录保存工作将会变得过于复杂。

忍者间谍：当你在学生的名字旁边写下忍者间谍时，他们就是忍者间谍。他们的工作是秘密观察积极行为，并且在忍者间谍的盒子里塞进去一张描述着谁做了哪些积极事情的纸条。你可以时不时地给全班学生阅读忍者间谍盒子里的纸条。哇！我很想知道接下来那些忍者间谍会注意到谁？

巡走者：当你在学生的名字旁边写下巡走者，他们就是巡走者。当你提问时，巡游者则在教室里四处巡走以帮助同学们。

揭秘者：将揭秘者的名字添加到进步神速组中。揭秘者不定期地会得到一颗进步星。谁是揭秘者，每个人都想成为揭秘者吗？当悬念最终吸引了所有学生的目光时，揭示揭秘者的秘密身份。在你自己的教学进步方面，你就是一名揭秘者，努力让自己获得更大的进步吧！

为第二级的学生创建一个进步神速联盟，这个联盟包括你所有的班级。

活传奇
名人堂
超级巨星
最有价值球员
全能明星
队　长
领　队
先进队员
新队员
粉　丝

第1阶段　★★ 学生1、学生2、学生3、学生4、学生5
第2阶段　★★★★ 学生1、学生2、学生3、学生4、学生5
第3阶段　★★ 学生1、学生2、学生3、学生4、学生5
第4阶段　★★★ 学生1、学生2、学生3、学生4、学生5
第5阶段 学生1、学生2、学生3、学生4、学生5
第6阶段　★★★ 学生1、学生2、学生3、学生4、学生5

像往常一样，我们要因学生的进步而奖励他们，而不是因为他们的能力而奖励他们，因为你不会像小学那样经常看到你的学生，当学生赢得了五颗进步星时，他们就可以升一级，而不再像前边我

们在小学进步神速组所要求的十颗星。我们要最先实施年度目标中最开始的目标。你可以对学生说："如果在迟到铃响之前班级里50%的学生可以坐在你们的座位上，那么你们在这个时间内会得到一颗进步星。"

中学教师和全脑教学执行委员会成员莎拉·米德贡献了下面的一份进步清单，你可以根据自己的需要来进行替换。

- 在铃响之前60%的学生坐在座位上。
- 上升到75%。
- 上升到85%。
- 上升到95%。
- 加上家庭作业完成50% 。
- 加上家庭作业完成75%。
- 加上家庭作业完成85%。
- 加上在教师讲课之前积极地复习课程材料。
- 加上在实施课堂守则"让学生当老师"期间，学生能够一致完成"让学生当老师"的练习。
- 加上在实施课堂守则"让学生当老师"期间，学生能够一致完成大幅度的夸张手势。
- 可以用下一次知识测验中的全班成绩的百分率来替换上面所列的所有数据。你可以说："如果在星期五的考试中全班平均成绩的百分率在75%，整个班级将得到一颗进步星，并且抢先进入第二级！"

教师可以使用领导力培训系统来确定班级领导者。把确定好的领导者的名字写在每个阶段的旁边。当他们在课堂行为方面和(或者)学业方面有所进步，领导者会为他们的班级赢得一颗进步星。当你选出大量青少年领导者，而学生也很愿意被你选中时，你将进入上一级的教学天堂。

终极进步神速者：这本书中很多的游戏以学生设置和打破个人记录为特征。随着你不断地尝试，你会发现进步神速系统是如此灵活，以致于你可以因为大量的班级活动而给学生奖励进步星。

我们的第二个游戏是最新的也是最受欢迎的课堂游戏，它将有力地提升学生的批判性思维和写作技巧。

课堂游戏
2

动动脑游戏

动动脑游戏图片是指手势图片，每张图片代表一个关键的批判性思维和写作概念。在全脑教学网站（Whole Brain Teaching.com）中的“Free Ebooks/general”下面有一本200页的电子书，电子书中涉及了动动脑游戏。

下面是动动脑游戏中的图片集合，包含了从幼儿园到高中阶段所需要的批判性思维和写作技巧的整个系统！

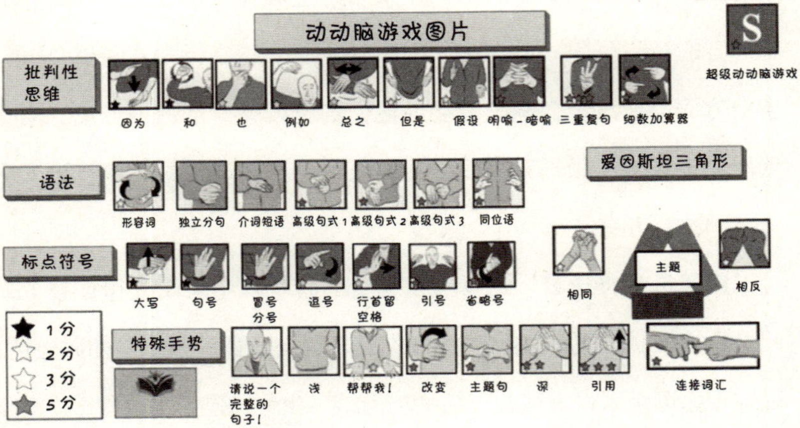

选择一个或两个动动脑图片，将其作为一天练习的重点。在你教学的时候，教学生做这些带插图的手势。例如，如果你选择了大写字母这张动动脑图片，在简短的课程中，当你开始每一个句子时，你就要做大写字母手势（在一只手的上面举起另一只手）。当孩子们互相教彼此的时候，要求孩子们使用选择好的动动脑图片。阅读、写作以及任何涉及语言的课堂活动，教师都可以为学生提供练习动动脑图片的机会。

在传统的教育中，当我们使用诸如“大写字母”“形容词”或“介词”这些仍然有点抽象的概念时，我们总是很难领会到抽象概念的含义。介词这个概念会给学生造成很大的困扰，让他们很难理解。但是，当我们将这些术语以手势的卡通图片呈现出来的时候，概念就转变成了一种有趣的手语。动动脑游戏图片能够激活大脑的三个最强大的学习区域：视觉皮层（看）、运动皮层（运动）和边缘系统（情绪）。坚持努力使用动动脑图片，将高效培养学生的批判性思维、口语和写作才能。就像我前面所说的那样，参与学习的大脑区域越多，学生学习的效果就会越好。

现在，如何把动动脑游戏图片变成一个高能量的游戏呢？你在下载时会注意到，每张动动脑游戏图片都会有一个分值。一张大写字母图片上的手势分值为一分，一张同位语图片上的手势分值为五分。动动脑游戏图片越复杂，其分值就越高。动动脑游戏是我最喜欢玩的一个游戏，我通常会给班级一个主题，并给学生一分钟的时间做准备工作。然后，接下来的四分钟里，我会随机选择学生。每个学生讲一个与主题有关的句子，尽可能使用最高分值的动动脑游戏图片中的手势。为了保持比分，你要在你的动动脑游戏图片表上的每一个手势旁边简单地放置一个检查标记。在四分钟要结束的时候，要计算总分。你的孩子正在学习迅速地思考，仔细地倾听，认真地构建组织良好的句子，正确地使用标点符号以及使用复杂且合理的连词。

为了让你的孩子拥有最强的动力，你可以将游戏录下来，寄给我们的动动脑游戏联盟主任（Chris Rekstad@Whole Brain Teaching.com）。他会给你一个正式的分数，并将分数张贴在我们的You Tube频道，让你的孩子与美国乃至全世界的孩子一较高下！

现在，让我们检测一下我们最受欢迎的课堂激励因素——计分板游戏。

将动动脑游戏与进步神速组联系起来

动动脑游戏为进步神速墙上的奖励提供了很多的机会。汤姆在三个星期中没有使用过一次动动脑手势！当汤姆和特洛伊所讲的每一句话，都开始使用大写字母这个动动脑手势时，我们给汤姆奖励了一颗超级进步星！当哈里特在教她的邻座时，一直在使用动动脑手势，但是现在，这个女孩开始尝试去使用“假设”这个新的标志着批判性思维的动动脑手势，我们给哈里特奖励了一颗超级进步星！

课堂游戏 3

计分板游戏

进步神速组致力于学生个人的成长，计分板侧重的是你的整个班级。如果你把计分板转化成一个包含等级的电子游戏，你将增加孩子的课堂参与度，这样学生将很快达到不可思议的等级。我们设置了十个等级，这样计分板游戏就可以从幼儿园应用到高中。学生可以通过赢得十次班级的胜利来攀上更高的级别。就像你即将看到的那样，班级的胜利能够让计分板游戏变成学生难以抵抗的挑战，并且可以给孩子提供持续一整年的进步动力。

计分板积极的一边标注的年级比学生目前的年级高两个年级，消极的一边标注的年级比学生目前的年级低两个年级。因此，学生总是会被引导学会超前的学科知识，获得更多的学习成果。

将计分板两边的情况记录下来。你的学生在做数学作业的时候速度很缓慢吗？你可以给全班学生惩罚一个哭脸的标记，并要求学生一起发出强烈的哀叹声。班级整个后排的学生都在专心进行独立阅读吗？你可以给全班学生奖励一个笑脸标记，并要求学生发出强烈的欢呼声。当马修对他的地图学习感到困惑时，玛丽亚衷心地为他祈祷，并且耐心地帮助马修了吗？你可以因为玛丽亚的礼貌行为，给全班学生奖励一个笑脸。在消极的一边和积极的一边始终保持三分的差距。你可以因为一个小组、团队或个人的行为而奖励全班学生，但是不能因为一个学生的不当行为而给全班学生哭脸的标记。学生们可能会反对这样的惩罚，一旦激起学生的反抗心理，计分板就会引起很多问题，而不再是解决问题的法宝了。

计分板的效用取决于使用计分的程度。在上课的每一个小时，争取在计分板积极的一边和消极的一边所贴星星的总和不能超过10颗。在开学之初，视情况每一个小时贴15颗星星也是在允许范围之内的。

下面这个计分板的示例是针对三年级学生的。对于初中或高中学生来说，可以改为笑脸或者哭脸标记。

第一级：新手。在一天结束的时候，积极的标记比消极的标记更多时，班级整体会因此得分。当积极的标记和消极的标记一样多或者消极的标记比积极的标记更多时，显然，班级整体不能得分。在各个级别中，当赢得10个班级得分时，就可以上升一个级别。因此，它可能需要15-20天，这取决于你作为学生在升到第二级之前能否让学生在第一级始终保持学习动力。

第一级

第二级：女孩vs.男孩。从现在开始，只有当班级整体积极标记多于消极标记时，才能赢得班级分。举个例子，班级的女孩以一分之差打败了男孩，男孩最后的消极标记多于积极标记。没错，女孩们赢了！但是整个班级没有赢得班级分。第二天，班级的女孩以三分之差打败了男孩，计分板上积极标记多于消极标记。是的，女孩们赢了！但是，因为整个的积极标记多于消极标记，班级中的每个人都赢得了一次班级分。再来一次：当计分板上的积极标记多于比消极标记时，班级里的每一个学生都会赢得一次班级分；当赢得十次班级分时，你班级的孩子们将上升一个计分板级别。

让女孩和男孩相互竞争，将强有力地增加了计分板的神奇魔力。在每个级别中，尽可能地继续保持这样的竞争。记住这是一个需要坚持的漫长过程！

第二级

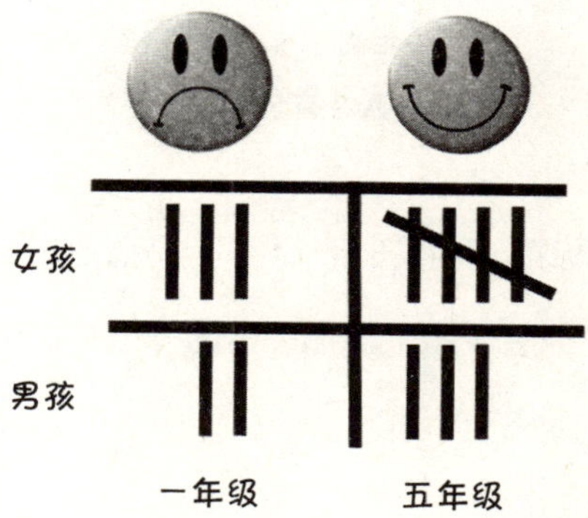

第三级：优先权。从现在开始，所有的计分板都是女孩vs.男孩。对于第三级来说，新的变化点是：无论何时，只要到了需要排序的时间，赢者就会有优先权。虽然有点奇怪，但的确是真的。我甚至发现参加我们会议的老师就用排队的优先权来激励他们的学生。快点！我们已经迫不及待了！

第三级

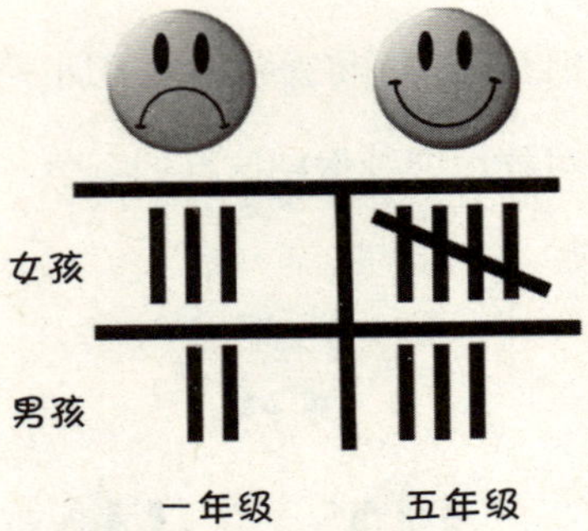

赢者有优先权！

第四级：蓝色标记。和第三级一样，但是蓝色标记会将分值加倍，即在计分板的笑脸或者哭脸上增加一倍的分值！在班级保持沉默时，你会发现这个等级的强大力量。

第四级

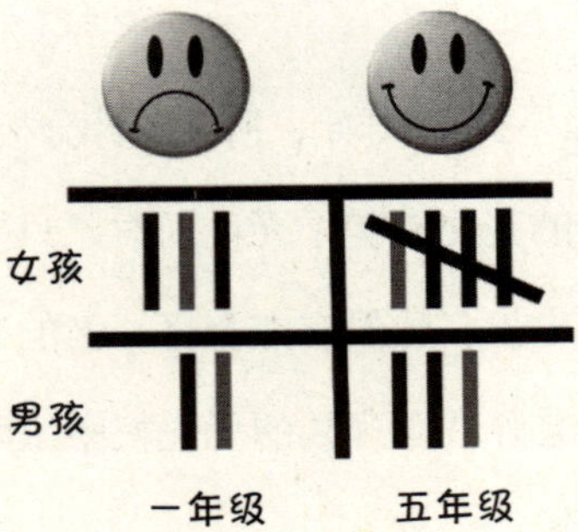

赢者有优先权！
蓝色标记分值加倍

第五级：领导者规则。和前面的一样，但是每一天（或每一周），老师会在每一组中挑选两到四位学生领导者。在全脑教学技巧中，老师会尽可能多地给这些选定的学生进行领导力培训。领导者的名字添加到计分板上。当这些学生领导者带领他们的团队获胜时，我们要特别注意给这些学生领导者留出30秒暂时休息的时间。

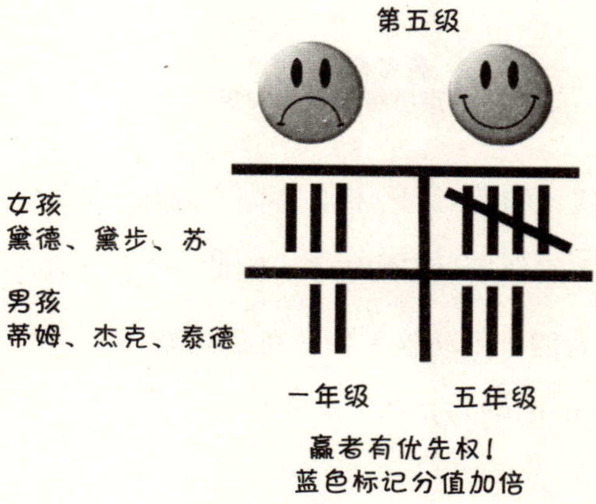

第六级：动动脑手势。和前面的一样，不同之处在于教师每天会选择一张动动脑游戏图片。在学生相互教彼此或者回应教师的过程中，当学生始终如一地使用动动脑游戏图片上的手势时，女孩组和男孩组都会获得分值。注意这些有着多种不同分值的动动脑游戏图片。大写字母手势分值是一分。接二连三手势分值是15分。因此，如果教师选择了一个分值很高的动动脑手势，那么使用这个手势将增加团队获得双倍分值的机会（蓝色标记标志着双倍分值）。

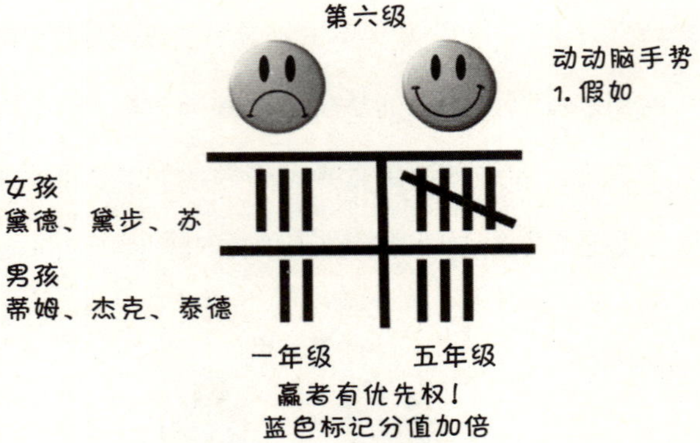

第七到第九级：和前面的一样，不同之处在于动动脑手势在第七到第九级的每一级数量上都加倍了。因此，在第七级有两个动动脑手势，第八级有四个动动脑手势，在第九级有八个动动脑手势。下面是一个第七级的计分板示范。

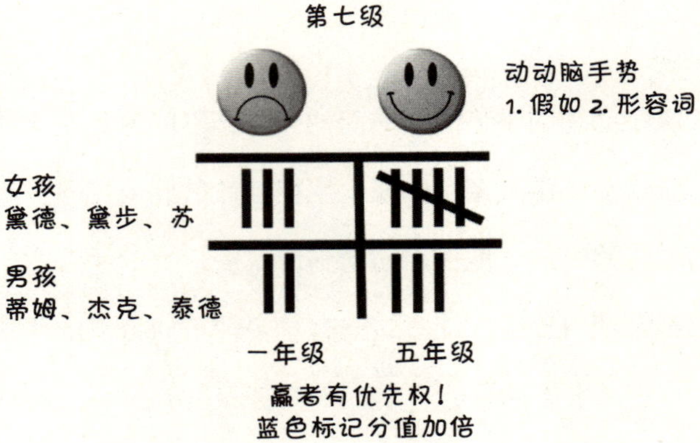

第十级：掷骰子。在一天开始的时候，让在先前日子里赢得游

戏的学生领导者掷骰子，骰子的数字决定这一天要使用的动动脑手势的数量。因此，如果骰子的数量是7，那就意味着将有7个动动脑手势。第十级的不同之处在于学生在学习掷骰子之后，每一组都可以选择他们自己认为自己容易掌握的动动脑手势。如果选择高分值的让人印象深刻的动动脑手势，老师将会给每一个组一些时间来做决定。如果骰子显示的是2，老师就会选择对学生来说最难的动动脑手势！

大脑的真相：

教学最大的敌人就是习惯。如果经常重复同样的刺激，我们的大脑思维就会对这样的刺激免疫。

一周的每一天都吃巧克力蛋糕的话，星期五的菠菜看上去就会觉得很好吃。

因为习惯，大脑的思维会抵抗重复相同的刺激。同样，9月份，在教室里能产生欢呼声的奖励，在11月份，这种奖励学生就不会再感兴趣，有可能会让学生困倦地打哈欠。

电子游戏设计者的目标就是克服人类习惯。这就是为什么电子游戏和全脑教学的计分板要设计成不同等级，因为新刺激总能让游戏者有动力攀上新的等级。

计分板游戏总结

• 从第二级开始，所有的竞争者分成男孩和女孩两派。

• 从第三级开始，奖励优先权（可以持续到一年的最后）。

• 从第四级开始，所有的蓝色标记分值加倍。

• 从第五级开始，教师每天选出学生领导者，并将他们的名字写在计分板他们那组的旁边。老师鼓励学生领导者偶尔多抽出时间（每天最多三分钟）来教他们的组员掌握获得高分值的策略。老师对学生领导者的培训将持续到一学年的最后。

• 从第六级开始，游戏主要侧重于学生使用教师选择的动动脑游戏手势。当教邻座时，经常使用高分值的动动脑游戏手势，将更可能为团队获得分值。

• 在第十级，学生自己选择动动脑游戏手势，动动脑游戏手势的数量通过掷骰子来决定。教师可以鼓励孩子们去选择一个聪明的组合，即易于使用的低分值的动动脑手势和野心勃勃的高分值的动动脑手势完美组合。如果骰子是2，不管怎样，由教师来选择动动脑手势（教师当然要选择最具难度的动动脑手势）。

如果你想要替换“男孩vs.女孩”这样的比赛模式，那么你可以让班级右边的学生和班级左边的学生竞争，或者让学生姓名的首字母在字母表前半部分的学生和首字母在字母表后半部分的学生进行比赛，或者你自己挑选学生将他们分组，将优秀的学生和弱势的学生混合在每一组，并且确保每组的实力都一致，或者简单地回到第一级的模式。如果你希望给你的学生领导者更多的力量，那么从第六级开始，让学生领导者选择一半动动脑手势（你选择另一半手势）。

计分板和进步神速组相结合

因为进步神速组有很大的激励作用，所以我们强烈建立在进行计分板和更多的活动时，尽可能地加上进步神速组的因素，鼓励学生一步一步登上更高的级别。因此，当班级学生在计分板上从第一级进步到第二级时，每个学生都会获得两颗进步神速星。当他们在计分板上从第二级进步到第三级时，每个学生都会获得三颗进步神速星，以此类推。相信我们，学生的注意力会集中在教学天堂中最亮的光点——进步神速星上。

现在，让我们暂停一会儿，考虑一下我们前三个游戏之间的相互关系：进步神速组、动动脑游戏和计分板游戏。

我们的前三个游戏解决了课堂动力的基本问题……这些问题一直存在于我们的课堂之中，从来没有消退过。如果你当教师已经有一年或者两年，你就会发现在一个星期内让学生欢呼的奖励，在万圣节的时候就会引来学生的抱怨。呀！还记得他们有多么爱星期五的爆米花派对吗？可是很快学生就觉得不新鲜了，下一次会是什么派对呢，什么时候分发迪斯尼乐园的门票?

进步神速组的美妙之处是每一个孩子只要有进步了就能获得奖励，而对孩子们进步的奖励就是你将他们上升一级。(每一个学生都可以看到！)

我曾经是一名新手，但是现在我是一名先进队员！下一周我将是一名全能明星！

当学生因为打破个人纪录而获得奖励时，一种神秘的学习能量就会得到释放了。学习最快的学生总是会不顾一切，因为如果他们不保持进步的话，他们将被学习最慢的人所赶超。最慢的孩子是狂喜的，因为他们最终会在比赛中赢得胜利。因此，将进步神速组当成你年度的个人奖励系统来使用。孩子们会因变得更好而持续获得奖励，这比学生想象的还要让他们感觉兴奋。

动动脑游戏手势解决了一个与众不同的问题。我们需要一个简单有趣的方法去提高学生的智力水平，不管他们是否在探讨一个地方的价值、分析一个图表或者构建一篇叙事体的文章。动动脑游戏手势提供给孩子们一个可视的系统，这个系统涵盖了批判性思维、语法和标点符号。无论何时，只要我们想要我们的学生去思考、去表达和写作，动动脑游戏就可以随时使用……甚至可以在一整天中都使用它！

计分板游戏是一套具有持续性的神秘系统。今天谁会赢？在课间休息时间谁会排第一？我们如何赢得一个积极的蓝色标记或者避免一个消极的蓝色标记？下一个等级会有哪些挑战？作为教师的你可以等待，快乐地等待着第一个学生提问："如果我们赢了，我们能得到什么呢？"当然，你的回答已经准备好了："我亲爱的朋友！你将获得和电子游戏里一样的奖励。赢得足够多的时间，并且你能闯关到下一级！"

课堂游戏 4

学生领导者

正如你在计分板游戏第五级往上的级别中所看到的那样，我们非常注重学生领导者，这是教育领域最容易忽视的资源。我们选出了很多聪明而又魅力的学生，并且进行了很多的领导力培训包括分发试卷、擦白板。当你在教青少年或者叛逆期学生时，发展学生领导者将成为你势在必行的工作。

你需要做的第一件事情就是识别你的学生领导者。

要求你的学生写出三个他们愿意邀请去参加自己生日派对的同班同学的名字。你可以回家浏览这些名字。获得邀请最多的学生就是你潜在的学生领导者。

安排另外一个日子，举行一次关于积极领导者和消极领导者（家长、教师、老板、教练、同学）角色的讨论会。你将高兴地看到你的学生的价值观和你的是一样的。没有人会认为一个好的领导者是一个说谎的人，也没人相信一个坏的领导者是一个体贴周到的人。

在另一天，列出你的学生提到的好领导者的特征。然后，对学生们说："课堂上一个重要的部分就是领导力培训。写下你相信能成为好领导者的几个同学的名字。我将在你们的名单上寻找到满足领导者特质的人。"

请尽可能谨慎地考虑被任命的学生。将被任命学生的名单给你的同事看看，并听听他们的意见。然后，你再做出最终选择。

走进教室，挥动手里的名单，然后将这份列着学生领导者姓名的清单放在你的桌上，对全班学生说："如果大家今天努力学习，我们可能有时间在下课前宣布领导者名单，并且举办一场小型的庆祝会。"留下一些悬念，让学生保持好奇心。在上课结束后，宣布领导者名单之前，向学生解释学生领导者不是由班上学生选择的，而是由老师任命的。你会做出最终的决定。领导者为班级服务的期限是两周。两周之后，你会重新开始任命领导者。接着你还需要向学生解释，你有可能增加、保持或者减少班级领导者。最后，宣布你选出的学生领导者名单，并鼓励学生用欢呼声为他们庆祝。简单地和你的学生领导者说几句，并为他们的第一次培训安排好时间。

尽可能多地和你的精英团队见面。和他们复核短期教学目标和长期教学目标。给他们最新的课程大纲，在如何吸引不愿意学习的学生上征得学生领导者的支持和帮助。几个星期后，向学生领导者示范你想在全脑教学系统中的集中注意力、手眼结合法、镜像模拟法、让学生当老师、五项课堂守则等方面的行为。在课堂上要经常让学生领导者示范这些精彩的全脑教学行为。如果有很多学生领导者愿意去学习他们大量的学习任务，领导力培训将会变得非常有效。如果一名教师能为班级量身定做复杂的学生领导者激励措施，充分调动学生的积极性，那么他将成为一名全脑教学教师。

如果你的班级已经做好了在学习动力上更上一层楼的准备，那么将学生领导者的名字写在计分板上。偶尔在学生领导者旁边增加计数符号来要求他们做出积极行为。天哪！这些学生领导者真的会帮助他们所在的组赢得胜利！

当学生领导者游戏呈现给学生时，它对于你的学生来说，会传达一个明显的信号：学生领导者正在做一件很有意义的事情……这会导致没有被选中当学生领导者的学生也愿意全力以赴。每两个星期，举行一次学生领导者重新任命仪式。更换领导者，扩大领导团体，当你认为有必要的时候，可以改变领导者位置或者职责。你是谁？学生领导者的领导者！给学生们带来愉快学习体验的领导者！

课堂游戏
5

练习卡片

对于教师来说，练习卡片是一种神奇而强大的课堂娱乐游戏，对于你的孩子来说却是一个他们并不想取胜的游戏。在你的学生已经完全掌握了五个课堂守则和一个钻石守则后，你要开始启动与学生的对话。一个孩子打破了课堂守则二，你要说："课堂守则二！"你的学生大声喊出："在开口说话前请举手！"继续这样的练习，持续几个星期，然后你将看到打破课堂守则的行为在慢慢减少。然而，即便学生不断地练习，依然会有学生需要额外的练习才能遵守课堂守则。

做一个像图书馆借书卡袋那样的卡片袋，如下图所示，将每一个学生的代码或者名字标注在卡片袋上。

当一个学生打破一个课堂守则时，将带有课堂守则数字的白色卡片放在这个学生的卡片袋里，将打破的这个课堂守则展现出来。

在过去，我们会建议在休息时间，让还没有掌握课堂守则的学生花两分钟默默地练习这些课堂守则手势。在你盯着学生练习的时候，两分钟会让人感觉特别长。

现在，我们已经成功地实践了反直觉策略，给打破守则的学生更多选择，而不是更少的选择。在传统的教育里，我们总是会给那些具有破坏行为的学生非常严厉的指令……去办公室……你必须留下来……靠着墙坐着……你没有任何选择！

我们相信，难管教学生更多地需要在“做出聪明的选择”方面进行不断练习。如果这个建议对你来说有意义，那么你可以这样对你的全班学生说：“就像你们所知道的那样，课堂守则四，做出聪明的选择，是一个重要的课堂守则。如果我将一张练习卡片放在你们的卡片袋里，我不是生你们的气。这仅仅表明你们在这个课堂守则方面需要更多的练习。就像你们在班级里看到的那样，我们通过练习来学习任何事情！不管怎样，你们中的每一个人应该都清楚地知道自己是需要一个较长的课堂守则练习，还是需要一个较短的课堂守则练习。你们都知道自己是最棒的。因此，在休息时间，我将让你们自己做出选择，在练习课堂守则手势的时候，是练习30秒、60秒还是90秒。你们选择好了之后，请向我解释为什么你认为你做出了聪明的选择。”

特别令人惊讶的是，在这个方法实施的早期，孩子们选择60秒的练习多于30秒的练习！我们的难管教学生看上去愿意为这个版本的练习卡片游戏买单，因为他们真正意义上进行了自由选择，他们选择了对他们最有利的练习。

永远不要一天给同一个学生多于两张练习卡片。研究表明，长时间的简短分段练习比短时间的冗长集中练习能产生更多的练习效果。

给学生家里寄送一张便签，向家长说明孩子打破了哪个课堂守则。如果便签没有签字就被学生带回来，则要安排学生在另一天进行练习。如果你明确知道了学生不可能把便签带回家给学生签字，那么你需要为孩子指派一个校园监督人。你的便签需要给这位可以劝告和安慰学生的成人，对学生的练习则视情况而定。使用校园监督人可以确保我们所有的学生在他们的生命中至少有一位负责人的成年人陪伴和帮助他们。

大约一个月之后，增加紫色的课堂守则卡，紫色卡表示好的行为。当你看到一个孩子遵循一个以前曾很难掌握的课堂守则时，在她的口袋里放一张紫色的卡片。让学生带一张便签给家长，在便签上表扬孩子的进步。

在上课的第一天，开始记分板游戏。不迟于第三周开始进步神速组游戏。尽可能长时间地等到圣诞节之后开始练习卡片游戏。记住，这是一个可以持续一整个学年的课堂游戏！

快速练习卡片：建议你等到圣诞节之后再开始练习卡片游戏，让我补充说明一下，如果你有一个很难管教的班级，几个星期的课堂守则练习之后显示学生的行为很少改善，那么在休息时间让你最顽固的学生进行一分钟课堂守则练习。不要把卡片放在卡片袋里，也不要让学生带写着他们表现不好的便签回家，更不要使用校园报批评学生没有遵循课堂守则。将这些策略保留到以后使用。你只需要开始简单的规则练习，并尝试下面的教学技巧。

课堂游戏
6

长谈话、短谈话以及一起计划

通常，可能在与淘气鬼学生相处的一周中，我们有时候会把课堂上闲聊天的学生叫到教室的一边。尤其是那些难管教的学生需要练习“做出聪明的选择”这样的课堂策略，我们会遵从全脑教学策略，给出学生三个选择：长谈话、短谈话以及一起计划。

你可以这样向你的学生解释：“如果你选择长谈话，我在整个谈话过程中都会这样做，我自己会不断地重复，解释你的行为问题。我会不停地讲，直到你厌倦了我的谈话，即便你厌倦了，我还是会说更多。但是，如果你选择了短谈话，我在整个谈话过程中依然会解释你的行为问题，只是我会简短、清晰地解释你存在的问题。不管怎样，我更喜欢和你一起计划。这种方式更成熟，你会得到尊重的对待，你的投入也会变得更有价值。没有人会比你自己更加知道你需要什么。如果你选择一起计划，那么我们会一起聊一聊，一起制订让你的课堂经历更有益的计划。在某种时刻，当我们将这样的计划应用于写作上，也不愧为一种好方法。它将更易于我们检验这样的计划是否有效。”

这个技巧对年轻孩子们非常有效，尤其是如果你在班级里用扮演角色的方式来表演这三种选择时，这个技巧会更加有效。选择一个活泼且令人喜欢的学生。提出三种选择，并且演示这三种选择。几天之后，当这个模式被学生充分理解的时候，你和学生互换角色。那个活泼可爱的学生是教师，而你成为了一个淘气鬼学生。

洛里·怀特是弗吉尼亚州萨福克郡行政官，他在和学生一对一的行为纠正会上提出了一个非常好的原则，这个原则就是“使用我的语言”，换句话说就是你不要想着听你的学生谈论除了自己之外的任何人。

课堂游戏 7

错误／正确方法练习

在会议开始时最常见的一个问题就是“如果……你会怎么做”，问题中省略号的地方被各种各样的现象填满（学生没有遵循课堂守则一；学生排队的时候总是相互推搡；每一个学生都乱涂乱画却不能整洁地涂抹色彩）。

我们要想教会孩子用正确的方法做事情，最成功的策略就是：首先，教学生练习错误的方法，然后才教他们正确的方法。

对于幼儿园的学生，你可以说：“好的，拿出你们的第一张纸，向我演示一下那些不知道如何细心学习、书写潦草混乱的学龄前孩子是如何做的……哦，写得真是乱七八糟！现在，向我演示一下认真学习的二年级学生是如何做的。”

对于任何年级的学生你都可以这么说：“我想要你们像蜗牛那样慢慢地拿出你们的数学课本，翻到第97页……哇喔，你们真是非常了不起的蜗牛！现在，向我展示在没有撕坏纸张的情况下如何轻快地从你的地理文件夹中拿出世界地图，并快速打开它。”

练习错误方法的一个最突出的特征就是对于你那些最抵触学习的学生来说，这是一个不会失败的课堂活动。当你告诉学生打破课堂守则二“在开口说话前请举手”，并让他们开始闲聊的时候，学生肯定会跃跃欲试……学生试过错误行为之后，当你让他们做出正确行为时，他们也会更有兴趣去尝试。因此，那些课堂上挑战教师、挑战课堂的行为就会慢慢离他们而去，他们也会遵循课堂守则二“在开口说话前请举手”，彬彬有礼地举起自己的手。

错误/正确练习只需要花费几秒钟的时间，却能让学生在没有教师责备的情况下清晰地分辨出哪些是错误的课堂行为，哪些是恰当的课堂行为。

前面介绍的两个教学策略“长谈话、短谈话和一起计划”和“错误/正确方法练习”是只需要花费一分钟左右的时间去实施的高效教学策略。它们很容易解决那些可能长期存在的课堂问题。接下来要介绍的两个教学策略是课堂参与平均值和难管教孩子的平均值，这两个教学策略是都是年度教学策略，它们能够通过用最具天赋的学生来改变难管教学生的方式来切实解决每一个课堂问题。把这两个教学策略想象成单独的宝石游戏，你只需要自己一个人来进行这个游戏，并不需要学生直接参与游戏。

课堂游戏 8

平均分值游戏

课堂一定是可以改变和提高的，但通常就像在冰川上行走，缓慢且遥遥无期。你需要一种方法来说服自己：你可以达到目的地！

课堂参与平均值的美妙之处在于你可以独自进行这个游戏。这是一个没有涉及指令的教学游戏！

经过你私下的运转，每个学生的得分如下：

• 尖子生：这些模范学生认认真真听课，快速听从教师指令，在讲话之前先举手得到教师许可，专注学习任务，并给你展现他们最大的努力。出现这样的学生加四分。

• 听话生：这些学生总是跟随尖子生的领导。他们通常认真听课，也会经常在讲话之前先举手得到教师许可但也有例外的时候，通常情况下，他们会专注学习任务，并给你展现他们最大的努力。出现这样的学生加三分。

• 骑墙生：这些学生表现时好时坏，在某一天，骑墙生会认真遵循你教给他们的每一个步骤，但是在另外一天，他们就在教师里乱扔橡皮擦。骑墙生表现很不稳定，你不知道他们什么时候会认真听课，什么时候会快速遵从指令，什么时候会在说话之前举手征得教师允许，什么时候会专注学习任务或者什么时候能给你展现他们最大的努力。出现这样的学生加两分。

- 难管教生：一个真诚的难管教生很稀有，如果有的话，他们有时会认认真真听课，快速听从教师指令，在讲话之前先举手得到教师许可，专注学习任务，或者做任何你希望他们做的事情。出现这样的学生加一分。

将新学生标记为骑墙生，直到你更好地了解他们。

将所有你得到的分值相加，然后除以学生的数量。这将得出你所在班级的课堂参与平均值（CEA，Classroom Engagement Average）。举个例子，如果你的30个学生的总分值是90分，那么你的课堂参与平均值就是3.0（90/30）。每周用这种方法统计一次分值。你的学生的课堂参与平均值会有所提高……但是，如果每天都关注这个分值的话，这个微观的数据将非常缓慢地增长。

你的目标是每个月将你的课堂参与平均值提高一分。横跨一个学年的十个月，你将让每一个学生的水平上升一级。如果你努力遵循下面的两个步骤，学生领导者和进步神速星卡片，你的课堂参与平均值分值将上升得又高又快。

学生领导者：将分值为四分的学生培训成为课堂领导者。如前所述，如果有可能，每天和这些学生领导者见面，教他们你在课堂上使用的全脑教学技巧。培训你的尖子生成为课堂守则的领导者和新的全脑教学策略的示范者。给他们一些预先的课程。当分值为四分的学生熟悉了你在课堂上使用的技巧时，你就已经创建了一个新的分类。每出现一个这样的学生领导者，请你给出五分。分值为四分的学生非常渴望成为五分的学生！

当你将四分的学生变换成五分的学生时，安排五分的学生和一分的学生坐在一起。像感谢你的助教那样去感谢五分的学生。你一定会深得难管教学生的喜欢……他们的确需要大量的帮助。

每两个星期，要求全班学生提名那些将成为优秀学生领导者的同学。使用我们给你的这些建议和你的直觉来增大你的领导集团规模。

你的最终目标是每一次培训二个五分的学生。然后，如果难管教的学生愿意听从你的建议，那么将难管教的学生和你的两个最受欢迎的学生领导者分到一起。如果怀尔德·杰克仍然拒绝参与，尽管如此，他依然会被两个令人愉快的邻座的能量所轰炸，从而变得越来越好。

进步神速星卡片：评估你分值为三分、二分和一分的学生，挑选少数最容易向上增加一分的学生，不要超过五个。我们将这些孩子称为攀登者，你的直觉告诉你他们正在准备往上爬得更高，难管教生挑战骑墙生，骑墙生挑战听话生。

给每一个攀登者一张进步神速星的卡片，并在卡片上标注一个你想要学生改善的行为。你可以这样说：“如果我看到你在这个行为方面有持续的进步，我将给你一颗进步神速星！”告诉攀登者，当他们认为自己做了一件有利于他们达到目标行为的好事情的时候，要记录下分数。你可以这样解释：“在一天快结束的时候，给我看看你的卡片。如果我相信你形成了一个积极的习惯，那么进步神速星就是你的了！”你将发现孩子会主动根据你所布置的任务，精简他们的行为，并记录他们的分数。你的学生会一直坚持做记录，你只需花费一天快结束的几秒钟去检查结果即可。

不要去指定获得进步神速星所需要的分数大小。如果你犯了那样的错误，你的孩子将很快记录好自己所得的分数，并停止努力进步！

如果一个孩子没有很明显地改善他们的目标行为，千万不要奖励他进步神速星。你奖励学生的目的不是为了表达你的友好，而是在你的班级为那些值得奖励的行为提供客观的评估。

偶尔，在攀登者的桌子上放一个星星打孔机（一个能够打出星星形状的打孔机），当你在攀登者的卡片上用打孔机打出一颗进步神速星时，你可以说：“好样的。一个进步神速星空，相当于双倍的分数。”

当其他的学生看到你给攀登者的进步神速星卡片时，他们也将大声地要求你奖励他们一张这样的卡片。你可以这样对学生说：“在课堂钻石守则上努力（或者你选择的另一个目标），也许你会得到一个属于自己的进步神速星卡片。“哦，太棒了！孩子们正在自觉地希望自己能赢得行为进步的分数，以获得自己梦寐以求的卡片。

因此，遵循下面这些步骤将大大提高你的课堂参与平均值。

• 每个星期统计你的课堂参与平均值，注意你的四分、三分、二分、一分的学生。

• 将你分值为四分的学生培训成五分的学生，安排五分的学生和一分的学生坐在一起。

• 选择一个由分值为三分、二分、一分的学生组成的小团体，以给予进步神速星卡片为激励手段，鼓励他们成功实施那些能够让他们获得进步神速星的行为，并记下分值。

大约每一个星期，改变一次攀登者队伍。五天之后，许多的攀登者将会有一个了不起的分数，在他们的目标行为上，他们会达到50多分。这些分值完全可以赢得一颗进步神速星。仅仅一个月后，你的许多孩子都将拥有一个非常好的机会——上升到一个更高的层级！

如果你有一个非常难应对的学生组，这个组里难管教学生占了很高的比例，请将你的难管教学生的平均值加入到你的课堂参与平均值中来。

课堂游戏
9

掌控学习效果

你有一个不好对付的难管班级，或者有一群难管教的学生，坦率地说，这让你很崩溃。

下面这句话也许可以成为你的座右铭：

掌控你所能掌控的。

你不能总是控制孩子们的学习节奏，尤其是如果他们在迎接挑战以获得学习技能的时候……但是你可以掌控你所使用的教学策略，去帮助他们获得学习技能。

让我们更多地思考一下学习技能和教学策略两者之间的区别。

学习技能是你的学生用来获取知识的一种能力。显然，阅读和写作是两种学习技能。

教学策略是你用来帮助你的学生获得学习技能的一种策略。

到目前为止，在这本书中所探讨的许多课堂游戏都是教学策略。进步神速组和计分板游戏是能够帮助你的学生获得学习技能的教学策略。

下面是几个例子：

自然拼读就是一种提高字词解码学习技能的教学策略；

跳数游戏就是一种提高乘法技能的教学策略；

让学生自主选择练习卡也是一种快速提高学生课堂行为的教学策略。

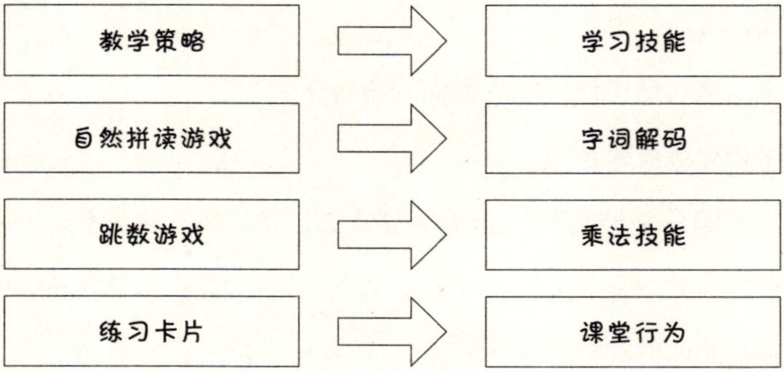

现在，重大要点！

当你明白教学策略都在你的掌握之中的时候，就可以极大地降低你教导难管教学生的焦虑。你可能无法立即为学习极力抵抗的学生培养出一种学习技能，但你可以坚持选择使用你认为有效的教学策略。你主要担心的不应该是一个孩子是否获得了学习技能，而应该是你如何高效地使用你的教学策略。

我将再一次强调这个要点。

当你面对一个难管教的班级或者被淘气的孩子气得发狂时，你必须停止失眠。

不要担心抵触学习的学生，而是要关注你自己如何实施教学策略来帮助那些抵触学习的学生。

掌控你所能掌控的。

你自始至终只能掌控你的教学策略；你并不能立即掌控你的学生获得学习技能的速度。

在我培训教师15年之后，我相信，教育问题的根源不是我们学生学习技能差，而是教师储备少以及教学策略应用得少。教育者出彩的教学技巧太少，而且应用这些技巧时总是不能始终如一。教师总是对学生的坏行为耿耿于怀，而不是将注意力集中在帮助学生身上。

通常，你可以通过倾听教育者的谈话，来评估你所在学校的教育者的质量。最不快乐且最少获得成功的教师们谈论的往往是他们难管教的学生，而最快乐且最成功的教师们讨论的往往是教学策略。悲观的教师看到的往往是充满缺乏学习技能的学生的课堂，而富有成效的教师看到的是充满积极回应新教学技巧的学生的课堂。

这里有两个案例的历史记录，清晰区别了教学策略和学习技能。

今年年初，二年级老师凯蒂警觉地注意到她的一个学生汤姆，至今从未在无人帮助的情况下独立写作过。写作是汤姆缺乏的学习技能。凯蒂尝试了各种教学策略，但运用这些教学策略时总是很随意，不能坚持。她和汤姆的父母沟通过，但是没有坚持跟进。凯蒂还坐在汤姆的旁边鼓励他，但是她还要兼顾很多其他需要帮助的学生。她将汤姆的问题讲给助教戴安娜听，但戴安娜不是一个有天赋的激励者，她不能很好地激励汤姆自主写作。尽管凯蒂担心汤姆的写作问题，但她更应该担心的是她自己在应用帮助她二年级学生的教学策略时暴露出来的问题——在运用教学策略时的不一致做法以及不能很好地坚持一个教学策略。凯蒂需要深刻思考的是：解决学生的严重学习问题是一个很缓慢的过程。她需要一个计划来指导她的教学！

哈利是一位中学历史老师，他带了一个很难管教的班级。很多孩子会经常打断他，那些难管教的孩子也从来没有上交过家庭作业，在哈利表现出对南北战争的热情时这些学生也几乎不感兴趣。哈利十分清楚地看到他的学生缺乏学习技能，而这种学习技能恰恰需要一套严格的教学策略才能培养起来。哈利很担心他是否能掌控这一切，是否能谨慎地应用教学策略来帮助自己的学生学习。因此，哈利决定培训学生领导者。这是他的教学策略……也是一个聪明的教学策略。他的许多孩子，甚至可能是所有的孩子，都想成为领导者。哈利的问题是没有让学生获得学习技能，但是他努力设计并不断地评估自己的能力以更好地实施培训学生领导者的教学策略。哈利知道这需要时间。每星期，他都评估自己的学生领导力培训策略，他给自己的评级设定了从四（最高）到一（最低）。当他修正他的策略时，他的自我评定分数就会上升。哈利首要关注的不是他的孩子，而是他自己实施和修正教学策略的能力。六个星期后，他的一些孩子成为了学生领导者，哈利在这个过程中也发现了建立领导力的新技巧。

当你无计可施时，请不要恐慌。镇定地选择一个教学策略，耐心地一点，坚持评估你的实施效果。

计算你的难管教孩子的平均值，看着班级花名册，列出分值为一分和二分的学生。从下面的清单中选择一个或两个你认为有助于改变难管教学生的教学策略。

1. 一天进行五次课堂守则的趣味练习。

2. 在练习每一个课堂守则时都可以融入错误的方法/正确的方法练习。

3. 坚持一直大声喊出课堂守则。

4. 在课堂教学的每一个小时里，至少要在计分板上标注十个计数符号。

5. 每一天至少要有一个学生得到一颗进步神速星。

6. 分值为四分的学生每星期至少接受三次培训，以成为五分的学生。安排五分的学生和一分的学生坐在一起。

7. 让攀登者使用进步神速星卡片。

8. 让不断打破课堂守则的学生在课间休息时练习这些课堂守则。

9. 整个班级都要实施练习卡（特别是那些难管教的孩子）。

10. 经常练习“长谈话/短谈话/一起计划”游戏。

举个例子，你决定把注意力放在三个不愿意学习的学生身上：拉多娜、吉姆和卡洛斯。作为一个教学策略，你选择了“长谈话/短谈话/一起计划”，把这三点结合起来用在这三个学生身上。第二个教学策略，“错误/正确方法练习”，你将这个策略用在整个班级的学生身上，特别要注意它们在这三个难管教学生身上产生的效果。

如前所述，掌控你所能掌控的，你要评估的是你实施教学策略的能力，而不是它是否能立刻成功。

	长谈话/短谈话/一起计划	错误/正确方法/练习
拉多娜	4-3-2-1	4-3-2-1
吉姆	4-3-2-1	4-3-2-1
卡洛斯	4-3-2-1	4-3-2-1
平均值		

你每天都要为你实施教学策略的情况进行评估。

在和拉多娜谈论了她的三个选择（长谈话、短谈话、一起计划）之后，你遗憾地意识到，在需要和她谈话，你却没有时间的时候，你只和她匆忙地谈了一次，而且语气还非常严厉。尽管这样的情况看上去给这位学生留下了积极的印象，但实施教学策略的估值只能是二分。

你坚持连续三天、每天好几次忠实地实施“错误/正确方法练习”。在这么短的时间内，这样的练习在三个难管教孩子身上的练习效果是很难判断的。尽管如此，你依然要相信你在实施这个教学策略方面做得很棒。你可以给自己一个四分。

以此类推，几个星期甚至几个月坚持不断地练习。那些表现不那么好的学生会奇迹般地迅速转变……但是，通常他们行为的进步需要相当长的一段时间。（事实上，如果一个难管教学生迅速地进步了，那她根本就算不上难管教的学生……她只是伪装成难管教的学生而已！哦，这一类学生只是喜欢模仿那些不好的课堂表现！）

考虑到你的时间有限，你只能选择一些难管教的孩子，你也只能尝试几个教学策略。非常好！你选择的不愿意学习的学生越少，你所实施的教学策略就会越少，你就越有可能在实施教学策略方面获得高分。在你成功地实施一个教学策略至少两个星期内，不要轻易放弃这个教学策略。一些老师曾经报告称，在学生没有明显进步之前，他们通常也会坚持花八到十二周的时间持续实施全脑教学策略。

这里有一个好消息。不管你的学生有多难管教，如果你忠实地使用“难管教学生的平均值”这一课堂游戏，你肯定会成为一个更好的教育者。还有什么比这个更美妙的呢？月复一月，当你努力地自我评估时，你会增加你成功实施教学策略的能力……这种技能恰恰是你在应对难管教学生（以及应对其他学生）时所需要的技能。

最后注意事项：对你所有的学生来说，能够提高你的课堂参与平均值和你的难管教学生的平均值最有效的策略是进步神速墙。无论你使用的是课堂参与平均值或难管教学生的平均值，先给你自己极其简单的一分，然后制订个性化的进步目标。不要对学生杰克说：“请替别人着想。”这样的话语指示的方向是模糊的；最明智的哲学家将会赞同你话语中涉及到的要求，但是他们会换一种说法：“杰克，当我们在第一次课间休息排队时，如果你保持你的双手像其他的孩子一样交叉合拢的话，这将是一个很大进步。虽然在第一次休息时间我只注意你的双手是否和其他同学一样摆放正确，但我很想在午餐排队的时候也能看到你的双手摆放正确！”

现在，让我们复习一下前面我们讲解过的九个课堂游戏以及我对于这些游戏指南在时间上的最好建议。

1. 进步神速组游戏：通过奖励学生的进步而不是奖励学生的能力来强有力地促进学生个人和学业方面的成长。（幼儿园至十二年级：第一天。）

2. 计分板游戏：通过将课堂管理转变为一个长达一年的、多级别的游戏来激发整个班级的积极性。记住：用进步神速星来激励学生个人，用计分板激励整个班级。（幼儿园至十二年级：第一天。）

3. 动动脑游戏：将写作和思维技巧巧妙地融入任何语言活动中。（幼儿园至十二年级：第一天。）

4. 学生领导者：以将培训学生领导者成为他们同学的全脑教学教师为目标，来培养学生领导者。

5. 练习卡片：针对淘气学生实施课堂守则手势的练习。（幼儿园至一年级：一个星期6-8次；二年级至十二年级：一个星期4-6次。）

6. 长谈话/短谈话/一起计划：和抵触学习的学生一对一商讨的一种策略。（幼儿园至十二年级：可能不少于四个星期。只有当你预先与选择的学生建立一个良好的沟通关系的时候，这个游戏才会有效。）

7. 错误/正确方法练习：通过练习错误的方法来教学生遵循某种课堂规程的正确方法。（幼儿园至十二年级：在每天练习课堂守则的四个星期后，使用这个课堂游戏。幼儿园至三年级：在错误的方法–正确的方法练习这个游戏开始之前，每天要练习课堂守则几个小时，而且这样的练习要持续好几周。）

8. 平均值/分值游戏：评估和提升每一个学生在学习上的参与度。（幼儿园至十二年级：开学第一个月之后每个星期一次。）

9. 掌握学习效果：评估你对难管教学生进行的教学策略的实施效果，而不是评估你进行的教学策略是否成功。（幼儿园至十二年级：根据需要，提前两个星期。）

就像我们在章节开始时所提到的那样，我们前十个课堂游戏大多数都涉及到课堂管理。现在，我们来看一个让学生着迷的学习游戏，怎么样？

课堂游戏
10

智力足球

对于教师来说，课堂游戏有成千上万种，但是很少有课堂游戏能够像智力足球那样有如此巧妙的设计，能够给学生带来如此丰富多元的体验。

在你的白板底部画一条水平线，将这条线在垂直方向分成五等分，并像球场那样标上界内虚线。这就是你的智力足球的球场。把橡皮擦放在中间那条标线的下面。当然，这个橡皮擦就是这个游戏中的足球。

准备一份列表，列表上要列出大约50个可以简短回答的问题，在学生回答问题的过程中要带领他们回顾重要的课程资料。举个例子，这些问题可以包括：分数上面的数字是_________，非洲最长的河流是________，罗宾汉住在________。

将你们班分成两个大队，女孩一队，男孩一队，这样的分组会起到非常棒的效果。在两队中各选择一个队长（不要让孩子们自己选队长，因为这需要花费太长时间）。

队长站在教室的前面，他们中间放上一张桌子（和电视上解决家庭纠纷一样的设置）。你问一个问题。队长进行扳手劲比赛，最先扳赢且正确回答问题的一队赢得开球的机会。

队长回到他们的团队。你向赢得机会的团队提出一个问题。他们大声地喊出正确答案。你把橡皮擦轻微地移向对方的球门。球进入对方的球门！多么完美的进球！攻击者欢呼……防卫者大声哀叹！

教师又问进攻队一个问题……进攻队又答对了……橡皮球又进了。欢呼与哀叹声此起彼伏。

你问了另一个问题……答案正确……但是太慢了！对方就会获得发球权！你朝拥有发球权的一方提出问题。没错，球移向了刚刚赢球一方的球门！哈！哈！哈！刚刚欢呼的一方现在开始沮丧地哀叹……刚刚还在哀叹的一方开始欢呼起来！来来回回！来来回回！等一下还有队员抱怨？

队员们学到了智力足球游戏必须遵守的一个可怕规则——让裁判高兴！抱怨的团队会受到处罚。不管你是怎么想的，让裁判高兴是前提。进球……或者奖励发球的机会……或者扣分。没有一个学生敢抱怨。

最终目标就是得分……闹哄哄的竞争爆发。游戏依然在继续。

智力足球可以成为任何形式的奖励……每个人都可以把智力足球赢得的奖励转换成少做家庭作业！欢呼！还可以转换成将整个班级在计分板上提升到一个更高的水平！欢呼！还可以转换成我们的测试平均分75%以上！欢呼！还可以转换成多玩智力足球三分钟！

使用一个计时器。游戏时间越短，你的孩子央求你再玩一次的情况就越多。

设想一下。你的学生将为了获得玩游戏的优先权而努力学习，因为这些都是有关复习课程知识的游戏！

想要学生欣喜若狂地参与游戏吗？在玩一次特别紧张的智力足球后，在进步神速墙上奖励每一个学生一颗进步神速星。

现在，回想一下我们的前十个游戏，但是不要有压力。你可以先从前三个游戏开始：进步神速星游戏、计分板游戏和动动脑游戏。然后再根据实际需要添加别的课堂游戏。记住：实践与全脑教学有关的任何一件事情，你都将收获惊人的回报。

在目前你了解到的课堂游戏中，你认为对你的孩子们最有用的课堂游戏将会是：______________________________

____

____

最容易实施的课堂游戏将会是：______________________________

____

____

因为______________________________

____

____

____

____

在你探索这本书的时候，你给你自己的最好建议是：

____

____

____

____

____

____

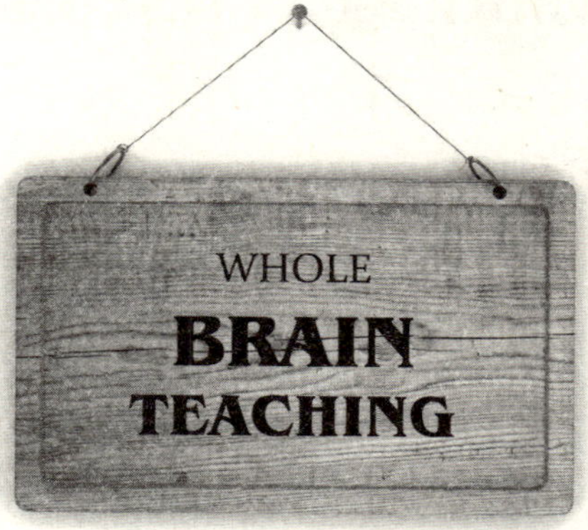

4

第四章

课堂管理游戏

如果它不有趣，那它就不是全脑教学。

——比弗·布鲁博德

在这一章里，你将学到关于七大教学法宝的很多有趣的教学游戏。这七大教学法宝是集中注意力、计分板激励法、五项课堂守则及钻石守则、让学生当老师、手眼结合法、变换法、镜像模拟法。不仅如此，你还将学会一些能够将课堂变成快乐学习工厂的其他教学策略。

集中注意力

我们的注意力捕捉高手 ——“集中注意力”是最受欢迎的教学法宝。你一整天都会使用到它，因此你需要掌握提醒学生集中注意力的方法。任何一位教师都需要抓住学生的注意力。在家里抽出一些时间，用不同的声调、节奏和音调来练习下面的教学策略。

课堂游戏 11

花样互动

在上课开始时，教师可以和学生进行互动，以集中学生的注意力，这样的互动有20种不同的形式。

1. 牛仔：同学们，耶——呃！（你的学生回答："到，耶——呃！"师生互答模式可以用于下面的场景中。）

2. 倒退牛仔：呃——耶，同学们！

3. 老鼠：同学们，吱吱！

4. 文艺青年：呦呵，同学们！

5. 忍者：同学们，撒～撒～撒——呃！

6. 匪徒：同学们，吧嗒～轰！

7. 城市居民：你——还——好——吧，同学们！

8. 冲浪者：危险，同学们！

9. 冲浪老手：卡哇浜嘎（水手的欢呼声），同学们！

10. 小甜心：同学们，瓦西——叮呵嗯斯！

11. 长官：万岁，同学们！

12. 队长：同学们，立正！

13. 严厉的老师：背挺直，同学们！

14. 60年代的唱片：吧啦啦——发啦，同学们！

15. 拉拉队长：同学们，沙卡——-拉卡！

16. 僵尸：好吃——美味，同学们！

17. 亲爱的达维：同学们，好浪漫！

18. 路易斯·卡罗：米米思，同学们！

19. 嬉皮士：正义，同学们！

20. 披头士：我们都住在一个黄色的潜水艇里，同学们！（你的学生可能会大笑着回答："我们都住在一个黄色的潜水艇里，到！"）

使用这些方法吸引学生注意力的时候，我们要遵循的一个关键原则就是不能太频繁地使用这些方法，大约一天使用3-5次就足够了。每当你需要愉快地引起学生注意时，你可以使用一个新鲜的个性化的方式来和学生进行互动。

课堂游戏
12

集中注意力

选择一些学生，大约班级总体人数的三分之一，这些被选中的孩子就是在集中注意力方面表现优秀的学生领导者。

示例：在集中注意力方面表现特别优秀的学生领导者

教师：同学们（第四声）——同学们——啊——兵——兵

学生：到（第四声）——到——啊——兵——兵

教师：（把双手分别放在双耳的后面，好像在听学生的回答一样。）

回答得特别优秀的学生：到（第四声）——到——啊——兵——兵

你在课堂上必须经常喊“同学们”，这样的话，就会有很多的孩子像回音那样回应你……当你喊出第一声“同学们”的时候，你就会马上引起孩子们的注意力。

课堂游戏
13

快速答到

快速答“到”，这个课堂创意指的是你要教你的学生：无论什么时候，只要你叫出他们的名字，他们就必须快速地看着你回答“到”。

“胡安！”

“到！”（双手交叉，看着你）

“缇娜！”

“到！”（双手交叉，看着你）

胡安是一个好学生，上课不会走神，但是你可以为了提醒正在走神的缇娜，而喊出胡安的名字。这个课堂游戏是一个为了将走神的学生迅速拉回课堂的课堂管理策略。

花一些时间去向学生示范什么是闪电般的速度。（我的一些同事将“快速遵从指令”转变成了“立刻遵从指令”。）

将“快速答到”这个活动变成一个充满乐趣且让人印象深刻的游戏，是一件非常简单的事情。早晨，可以挑出十分钟的时间，在你每次使用“快速答到”这个课堂游戏时，做好记录，或者让学生领导者为你记录下来。下午的时候，告诉你的孩子们，他们的目标是让下午的记录比早上的记录更少。“快速答到”这个课堂游戏就像是高尔夫游戏，比分越低越好。换句话说就是，尽可能减少上课走神的学生。

为了让游戏更加有趣，可以邀请一些其他年级的教师，也在早晨的十分钟里做这个游戏，并且做好记录。然后，吃午饭的时候，公布班级的分数。午饭后，所有参与游戏的班级都将为挑战新的最低分而努力。

在新学年刚开始的时候，要始终保持为胜利而进行简短的庆祝……这种庆祝也许是学生和教师一起跳一个十秒钟的胜利舞蹈。随着学年的慢慢积累，也可以尝试用几分钟的智力足球游戏来庆祝胜利。

镜像模拟

就像你所记得的那样，镜像模拟是全脑教学法里的一个主要教学技巧。你说“镜像词语”并举起你的手，你的学生回答“镜像词语”并模仿你的姿势。你可以把一个故事的主要部分表演出来，直观地阐述核心概念，并用虚构的工具来展示科学实验。

镜像词语的力量非常强大，因此在教学过程中，你将经常使用到这种教学方法。你可以偶尔使用下面的一个或者多个妙招来保持这种教学方法在学生心中的新鲜感。

课堂游戏
14

趣味镜像词语

下面是十个可用于课堂上的非常有趣的镜像词语：

1. 大镜像词语！（你的孩子回答“大镜像词语”并模仿你的姿势。这个模式可以用于下面的镜像词语场景中。）

2. 小镜像词语！

3. 兔子快跑镜像词语！

4. 乌龟慢爬镜像词语！

5. 马上开始镜像词语！

6. 古怪镜像词语！

7. 右手镜像词语！

8. 左手镜像词语！

9. 安静镜像词语！

10. 手臂摆动镜像词语！

在使用镜像词语时，可以表演下面十个角色的任何一个：

1. 牛仔：给马套上马鞍时的词语！

2. 柔情蜜意：镜像词语，我的小糖果！

3. 老鼠：用短促的尖叫声发出我的词语！

4. 怪兽：词语！嗷……（咆哮声）

5. 女记者：爆炸新闻！紧急镜像词语！

6. 南方人：请模仿我的口音！

7. 机器人：词语模仿，词语模仿！

8. 海盗：伙计们！让你的镜像词语迎风起航吧！

9. 举棋不定者：镜像词语？镜像词语？

10. 计算机：下载镜像词语APP！

请明智而审慎地使用这些镜像词语，只要确保孩子能够积极参与到课堂中即可，千万别过多使用。必要时，当你使用这些妙招时，你会叫醒一个早上昏昏欲的班级或者在一个漫长的下午给你的课堂教学提供满满的能量。

课堂游戏 15

宣布重大消息

在教室的前面张贴一个带着向下箭头的巨大标志，上面写着“重大消息”。当你站在这个标志下面的时候，你要准备宣布一个重要的消息。然后说：“全体起立！”你的孩子都站起来；你使用你的镜像词语，同时做出幅度很大的动作，并宣布你的重大消息。将你的“重大消息”标志当成是一个震慑力极强的聚光灯。

课堂游戏

16

镜像模拟游戏

在全脑教学中，我们使用三种类型的镜像模拟法。在镜像词语中，学生说我们的词语并模仿我们的姿势。在魔法镜像模拟中，学生说我们的词语但是创造他们自己的姿势。在无声镜像模拟中，学生模仿我们的姿势但是不说我们的词语。再来玩一次！

镜像词语：你讲话并做出相应的姿势；你的学生们重复你的词语和姿势。

魔法镜像模拟：你讲话但是不做出相应的姿势；你的学生们重复你的词语并创造他们自己的姿势。

沉默镜像模拟：你讲话并做出相应的姿势；你的学生们不说话但是重复你的姿势。

沉默镜像模拟的独特力量在于学生能够提高他们的听力技巧。他们紧张地关注你在说什么，同时准备着如何把你所教的知识点教给他们的邻座。

课堂游戏
17

变魔法

在魔法镜像模拟中，将你的手放在身后慢条斯理地讲话。你的学生重复你的词语但是创造他们自己的姿势。因此，如果你正在讲一个关于登山探险队的故事，你的学生将会在空中创造出他们自己想象的大山，并且充满想象力地发明各种姿势来阐述故事中的关键时刻。如果正在讨论澳大利亚土著人的生活，学生则会发明动作，将你的描述带到现实生活中来。一个精彩的多样化的魔法镜像模拟法，将让充满活力的佼佼者和你站在同一战线上。在你讲话的时候，他会发明一个新的姿势，然后全班学生都来模仿他的姿势。

如何找到一位渴望被关注的难管教学生？你可以和他说："如果你成为一个魔法镜像模拟游戏的领导者，我将非常乐意看到你创造的独特姿势。如果你能够更好地遵循课堂钻石法则，我将让你梦想成真。在下课时间，只要你愿意，任何时候你都可以提醒我你已经做得很好了。"

课堂游戏
18

扭来扭去

学生有时候会坐立不安。你大喊："扭来扭去！"一听到你这个指令，任何喜欢四处走动的学生都会站起来。然后，你可以使用镜像词语去教课。当你教完后，站着的学生就会使用更大幅度的姿势去教他们的邻座。

当你和学生在使用镜像模拟法方面变得越来越精通时，你可以在一堂课上尝试着在不同的镜像模拟法中进行转化。你可以把全脑教学当成一个广场舞，你充当号召者的角色，就像带动你的舞伴旋转一样，你从镜像词语，旋转到沉默镜像模拟，最终完成一个魔法镜像大转弯。

接下来，让我们更多地思考计分板教学法。你学年里的每一天都将使用这些非凡的教学游戏很多次。我们前面所阐述的这些游戏将充分改变课堂氛围，让课堂保持持续的吸引力。

计分板激励法

在全脑教学里，计分板游戏是一套具有持续性的神秘系统。

在计分板游戏中，学生将获得和电子游戏里一样的奖励。赢得足够多的时间，并且能闯关到下一级！

如果你把计分板转化成一个包含等级的电子游戏，你将增加孩子的课堂参与度，这样学生将很快达到不可思议的等级。

课堂游戏

19

选择性计分板

这是一个对计分板激励法的延展游戏，你可以通过简单地改变积极和消极两面的名字就能获得惊人的成效。比如：海盗（嗷——嗷）vs. 船员（哟——吼——吼），火鸡（咯咯——咯咯）vs. 农民（呀嗯——呀嗯），宇宙女皇（在你的指令下，学生默默地鞠躬）与地球生灵（耶——耶），等等。

如果你教的是中学生，那么你可以把你学校的名字放在记分板积极的一边，把对手学校的名字放在计分板消极的一边。当对手学校赢得比分时，你的孩子们会失望地惊叫："啊"？当你的学校赢得比分时，每一个学生都会给出海浪般的欢呼："哈哈哈——万岁！"

我建议你不要随意使用任何计分板奖励，当有必要的时候，也希望你从一月份开始就能够为孩子提供一些额外的奖励。如果你和学生玩得是女孩组vs.男孩组的游戏，那么在一天中的最后时刻，如果计分板上的积极标记比消极标记更多一些，你可以奖赏一分钟的额外休息时间，或者少布置一页作业，或者其他形式的小奖励。你也要向学生宣布，消极标记比积极标记多的话就会导致他们少休息一分钟或者多做一页作业。

记住记分板奖励的普遍原则：奖励越小越好，游戏越难赢越好，奖品越有价值越好。

课堂游戏 20

多样化计分板

要始终不断地给计分板添加多样化的因素，向学生表明你将在他们中间发现可以获得额外奖励的课堂行为。

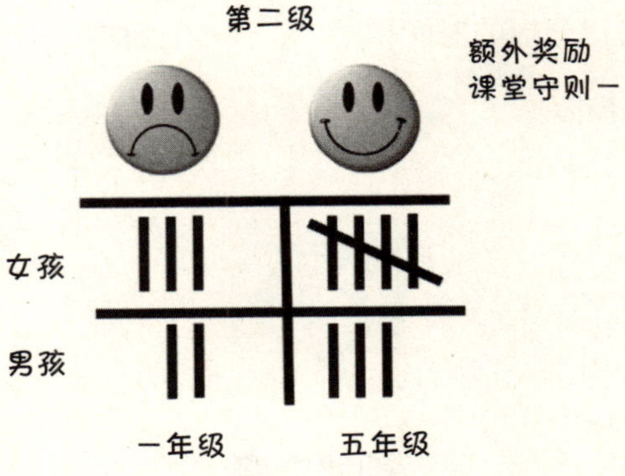

在这样的案例中，为了让学生快速遵从指令，你可以增加积极方面的触点。课堂守则二作为一个额外奖励，将会非常有效，因为

它对于孩子来说，是最难遵守的课堂守则之一，也是教师最容易监控的课堂守则之一。不仅如此，就像你所看到的那样，动动脑游戏为学生提供了很多赢得这些额外奖励的机会。

课堂游戏
21

便携式记分板

很多教师将卡片放在一个透明的贴有塑料标签的文件夹里，这样就创造了一个便携式记分板。他们通过用收紧绳索悬挂文件夹，以便随身携带。于是，用记分笔随时记录学生的积极和消极表现就变成了一件非常简单的事情。这样就能帮助教师更好地在课堂上节省频繁走向主记分板的时间和精力，还能让你带着计分板从一个校园走到另一个校园。

课堂游戏
22

神秘之路

在白板上画一条又长又宽的路，沿途设置很多用问号和感叹号设置的站点。在道路的尽头放置一颗大星星。在神秘之路上用虚线来记录学生的旅程，以此来替换积极标志和消极标志。当学生表现出积极行为时，你就可以在路上画虚线，直到慢慢地移向道路尽头的大星星。当学生表现出消极行为时，你就要把道路上的虚线擦掉，哦，天哪！当道路上那些虚点因学生的消极行为一点一点消失时，它离道路尽头的大星星就越来越远。当虚线到达问号和感叹号（一次快速测试、一次课堂守则回顾、一场新活动、一个未来事件通告、一个视频预告等）时，我们要预先确定会发生什么。到达道路尽头的大星星（在第一天的旅行中也许不会发生），就标志着一个新的游戏。

是什么样的新游戏呢？

你可以从本书中讲述的游戏中挑选。

课堂游戏
23

指挥官加油

当你的孩子们需要一些变化来点燃激情时，你可以用领导游戏替换计分板游戏，并且教你的英语学生一点西班牙语。在白板上的标题“指挥官加油”下面，列出你的课堂领导者。无论何时，只要他们主动做出积极行为就表扬他们，让每个人都为这些积极者欢呼！偶尔，标注一个积极标志（在“指挥官加油”这个课堂游戏中，没有消极标志）。当你优秀的指挥官在一天快结束时达到十分，这时请停止这个游戏，并开展智力足球游戏或者全脑教学游戏中的其他课堂游戏。

让学生当老师

让我们先停下旅行的脚步，描述一下如何将集中注意力、镜像模拟、让学生当老师三者紧密联系起来，以建立极具吸引力的神奇课堂。

全脑教学模式

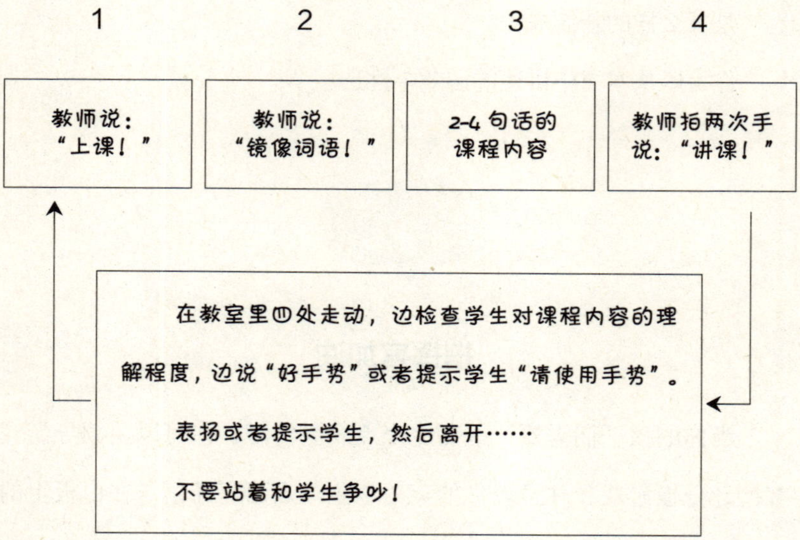

第一步，如上所述，在集中学生注意力的各种形式变化中，选择任何一种形式。举个很简单的例子，我曾经就选择过这样的方式

集中学生注意力，我对学生说“上课”，学生回答“到”。

第二步，你对学生说“镜像词语”并举起你的手，你的学生回答“镜像词语”并举起他们的手。

第三步，你用手势教一个简短的课程内容 。你的学生重复你的话并模仿你的动作。

第四步，拍两次手然后说“讲课”，你的学生也拍两次手说“好”，然后学生把你教的课程内容再教给他们的邻座。

随后，你在教室里四处走动，听学生向他们的邻座解释你的课程内容。如果学生理解了你的课程内容，那么你接着讲下一个知识点；如果学生没有理解，那么你需要重新再讲一遍。

就像你所看到的那样，集中注意力、镜像词语和让学生当老师这三个教学法宝构成了一个过渡平滑且具有连续性的课堂。关于前两个教学技巧，你已经了解到它们具有许多不同的形式，不久的将来，你也会发现让学生当老师这一教学技巧也具有无穷无尽的变化以及学生无法阻挡的吸引力。

课堂游戏
24

让学生当老师

让学生当老师这一教学技巧是我们对“结对思维共享（think-

Pair-Share）”的一种说法，对学生来说，这是一个和邻座回顾老师所教授的课程内容的一种方式。在结对思维共享中，全体协作学习成员首先独立思考给定的每一个问题，然后再将他们两两结对，对给定问题进行讨论、协商，确定问题的最佳解决途径，最后和全体成员一起分享问题解决的答案与技巧。为了增加乐趣，我们喜欢从声音效果开始，比如拍手。我们还曾经看到过老师打响指、敲桌子和拍脑袋。你制造了声音效果，然后说："讲课！"孩子们重复你发出的声音效果，然后说："好！"接着便开始将你所教的课程教给自己的邻座。

我希望你相信：孩子们在学习上感受到的乐趣越多，他们就会越愿意学习。拍手或者打响指就像在你的课堂里撒"淘气粉"。蝴蝶喜欢花粉，孩子们喜欢"淘气粉"。

不管你是否相信，下面是"让学生当老师"的1000种不同方法（下面表格排列组合10×10×10）！当你已经尝试了所有的方法时，请一定告诉我们，我将会在下一本有关全脑教学的书中写下你的经验。

开始	教学要求	声音
拍手1–5次	讲课！	老鼠
敲桌子1–5次	讲课–罗斯基！	水手
拍脑袋	亚巴–达巴–讲课！	牛仔
舞步移动	嗨呀！讲课！	严肃

开始	教学要求	声音
将手挥过头顶	高能量讲课！	古怪
摇晃你的手指	摇摆！摇摆！讲课！	惊叫
跺脚	呦，讲课！	苏茜阳光
空手道运动	讲课！亚佐！	宝贝拉拉
机械手臂波浪舞	聪明豆！讲课！	超级英雄
以上的任意两种结合	讲课！嘣！	体育播音员

你用生动活泼的“集中注意力”这个教学技巧牢牢地抓住了学生的注意力。接下来，你演示一个简单的课程内容（只需要几个句子就能讲明白的知识点）。然后，你准备好“让学生当老师”。从第一栏“开始”的纵列里选择一条；结合第二栏“教学要求”纵列里的任意一条，再采用第三栏“声音”纵列里的一种声音。你的学生将重复你的手势动作，回答“好”，然后向邻座解释你的教学知识，并且模仿你的声音。

课堂游戏

25

学习火车

想想你曾经是否经常说下面的话，“约翰，别动来动去……玛蒂娜，别玩你衣服上的流苏啦……艾戴尔，请看着我……戴维，不要打扰安迪”，这些话是非常典型的，在绝大多数班级里，教师总是不断地纠正学生的不良表现。

这种做法的问题是你为了抓住一个孩子的注意力，打断了30个孩子的课堂。在全脑教学系统里，我们新的座右铭之一就是：不要让火车停下来。课程开始了，学习的火车也就轰隆隆地前进了。在整个教学过程中，我们都要保持火车持续前进，教学咔嚓–咔嚓–咔嚓不停歇。不要为了劝说一个孩子回到学习的火车上就让火车停下来。

除非这是一个安全性的问题，否则不要为了处理一个走神的学生而去中断你的课堂。完成你的课程，实施“让学生当老师”，然后，在你的孩子们用手势去帮助邻座理解你所教的知识要点的时候，走到那个走神的学生身边，让他重新复习上课内容，并且及时纠正他。引导个别走神的学生重新登上学习的列车，同时确保整个班级始终保持轰隆隆地前进！

课堂游戏 26

玩具手偶

你可能会有一个这样的学生怀尔德·杰克，他自己独自学习就能学得很好。

在你实施“让学生当老师”的时候，怀尔德·杰克不喜欢去和他的邻座交流。这时，你可以让他自己举起手来，并且用玩具手偶在你的课堂上自己教自己。讲话的玩具手偶向倾听的玩具手偶解释教师的课程要点。坚持让这两个玩具手偶角色互换，并礼貌地对待这两个玩具手偶。教学生遵循最重要的原则：己所不欲，勿施于人。当倾听的玩具手偶理解了课程内容时，倾听玩具手偶点点头表示自己懂了，但是当倾听玩具手偶没有理解课程内容时，倾听玩具手偶则要握拳表示没有理解课程内容。

如果怀尔德·杰克在教邻座时感觉到不舒服，你可以要求他在“让学生当老师”这个时间段内用他的玩具偶自己教自己。或者，你还可以试试采用古怪而有效的方式，你可以建议你可爱的淘气鬼学生教他们自己的鞋子做动作。

课堂游戏 27

鞋子伙伴

那些喜欢独来独往的孩子常常喜欢教他们的鞋子。在“让学生当老师”这一环节中，怀尔德·杰克使用了特别有创意的姿势，他伸出一只脚，指向他另一只集中注意力的脚。无论何时，鞋子伙伴会不断互换，相互讨论，渐渐地，一个很难的知识点就会变得越来越清晰、越来越容易理解。怀尔德·杰克非常快乐地让他的鞋子伙伴变得越来越聪明。

课堂游戏
28

角色互换

好的，你是一名出色的快速学习者，你在课堂游戏中已经掌握了1000种不同的方法，下面还有10种让学生当老师的不同方法。

1. 两次跺脚，说："开始！"学生也跺脚两次并欢呼："好！"

2. 舞动迪斯科舞步，说："摇滚！"学生模仿你的舞蹈步伐并回答："好！"在下面的所有环节中，学生模仿你的手势动作，然后回答："好！"

3. 在你的头顶绕一个看不见的套索，说："套索！"

4. 猴子在你的胳膊下挠痒痒，你情不自禁地发出："哦嘎——哦嘎。"

5. 假装一个超级英雄在摆姿势，说："胜——利！"

6. 敲打桌面，说："把它弄明白！"

7. 假装你正在撕一张巨大的纸，说："真让人崩溃！"

8. "猫王"埃尔维斯模仿秀，说："拉斯维加斯万岁！"

9. 空气吉他（听摇滚乐时假装弹吉他的动作）模仿秀，说："吉他听起来很震撼！”

10. 转动一个无形的汽车钥匙，发出：“嗡——嗡！”

课堂游戏

29

小小创造家

在“让学生当老师”的经典游戏中，你拍两次手，并说：“讲课！”学生也拍两次手，并说：“好！”然后，就像我之前说的那样，学生向他们的邻座传授你所讲的课程内容。

你可能希望他们开始新的学习活动，比如阅读或者写作。拍两次手，并说“阅读”或者“写作”，无论你发出什么样的课堂指令，学生的回答都是：“好！”如果你正在进行动动脑游戏，接下来你可以用“动动脑游戏”暗示你的学生，或者你可以选择用动动脑游戏中的“形容词”来集中学生的注意力，或者你也可以说：“道具！”这意味着你的孩子们将使用一个道具，通常可能是一只铅笔，去表现一条长河、一个捆绑火箭的红星、一条时间线的各个因素。

课堂游戏
30

突然袭击

突然袭击是如此先进，但很难描述且看上去非常壮观。下面是我对我的班级讲的话："我将拍两次手，并说'突然袭击'，你们也要拍两次手，并转向你们的邻座，假装你们也正在教学生。然后，你们说'好'，同时突然转向后面的另一个伙伴，并开始用夸张的手势讲课。"如果突然袭击这个方法学生能够恰到好处地执行的话，它能够为学生带来很多的欢乐。

手眼结合

正如你记得那样，在前面的章节中，我们用手和眼教学法来引导需要我们重点强调的注意事项。我们大喊："手和眼！"并迅速合拢我们的手。学生回答："手和眼！"并迅速合拢他们的手。仅仅是为了这个游戏带来的快乐和愉悦，我们都会盯彼此一会儿……快乐的教师，充满吸引力的班集体。呀！然后宣布一个重大的通知。这个教学技巧是如此有效，我经常每隔五分钟就会宣布一个重要事项。

"手和眼！"

孩子们回答："手和眼！"

"永远都不要忘记分数底下那个数字表示的是将一个整体分成了

多少份！”

或者“乔森女士声称她的班级比我们的班级更安静、更成熟。”

或者“在你文章中的每一个段落中，都必须用一个具有概括性的句子作为段落的开头”等。

课堂游戏
31

手眼结合游戏

为了强调非常重要的关键点，你可以对学生说：“手、手、手和眼！”为了宣布非常重大的通知，你可以对学生说：“手、手、手和眼……哎……”在所有的情况中，你的孩子们都要重复你所说的，并迅速合拢他们的手。

如果你使用了非常富有表现力的面部表情和夸张的手势，你可以不发出声音只用嘴型说出：“手和眼。”学生应该默默地模仿你的所有动作并合拢他们的手，准备好倾听重要事项，并大声重复你的话。

课堂游戏
32

右小指和左耳垂游戏

当你要宣布一个简短的声明，你希望能给学生们耳目一新且有点怪诞的感觉，你可以说："手和眼！"同时用一只手遮住一只眼睛；你的孩子们模仿你的语言和动作。接下来，你就可以宣布你的指令或者通知了。

想让自己的课堂变得更怪诞、更耳目一新吗?

你可以尝试一些新的方法，比如，说："右小指和左耳垂！"（用你的右小指触摸你的左耳垂……然后宣布你的指令或通知。）

接下来，让我们关注两个课堂游戏，这两个课堂游戏可以确保所有学生都积极参与到与同学的互动中。这样的游戏非常有趣，没有参与者想退出这样的课堂游戏！

变换法

在全脑教学中，作为一个让所有事情都变得有趣的加工厂，我们希望孩子们享受轮换着教会彼此的感觉。当然，让孩子们拥有有趣的学习与在孩子们不愿意学习的情况下让学习变得更有趣，这两者之间还是有很大不同的。记住：我们只使用一点点让孩子们兴奋的"淘气粉"，而不会使用大量的"淘气粉"！如果孩子们对变换法或者其他课堂游戏感到非常激动和兴奋，那么我们会再使用计分板去示范。

课堂游戏
33

搭档互换游戏

当学生互相讲课时，一个是讲课者，一个则是倾听者。这儿有很多学生搭档互换角色的方法。教师大声喊出："交换！"孩子们回答："交换！"并放下一只手臂，就好像放下一个巨大的开关，或者为了让形式更加丰富多彩，学生可以小心翼翼地触碰他们的小指尖端，并轻声说："交换！"

课堂游戏
34

击掌游戏

在密苏里州最近举办的一次会议上，一名教师因为"细菌问题"不赞成学生相互击掌。好吧，你可以故意笑着要给你的邻座一个大大的击掌手势，然后故意装作没有击中，嗖一声越过彼此的手。

五大课堂守则＋一个钻石守则

在这里，我们再次强调我们的五个课堂守则和一个非常重要的守则，我们称它为钻石守则。

课堂守则一：快速听从指令。

课堂守则二：在开口说话前请举手。

课堂守则三：在离开座位前请举手。

课堂守则四：做出聪明的选择。

课堂守则五：让你亲爱的老师开心！

钻石守则：将你的注意力始终放在目标上。

现在，让我们看看如何把与五项课堂守则相关的游戏变得更好玩。

课堂游戏

35

课堂守则领导者

帮助学生学习课堂守则最简单、最受欢迎的技巧就是在学生中选用课堂守则领导者。（在前面的章节中，我们已经描述过实施课堂守则是一项重大的任务。）挑选一个性格外向且声音响亮的孩子，让他站起来，喊出每一个课堂守则的序号。其他学生用手势回应与数字对应的课堂守则。

一个女孩大声喊出："课堂守则一。"同学们回答："快速听从指令！"你还可以鼓励学生发出古怪的声音，这样更容易激励孩子们，并促使他们积极模仿，这些声音包括：青蛙、机器人、怪兽、吱吱叫的老鼠或者嘎嘎叫的鸭子。你的难管教学生非常渴望吸引公众的目光，他们肯定会非常急切地改变自己的行为，以获得课堂守则领导者这个角色。任何一个孩子都无法抵抗得住扮演一只嘎嘎叫鸭子的诱惑。

当一个难管教学生接近你，恳求你让她成为课堂守则领导者时，你可以很友好地告诉她："课堂守则领导者是一个好的课堂守则遵守者。请告诉我在下课之前，你能够很好地遵循哪个课堂守则。"

课堂游戏

36

神奇计时器

为你的学生课间过渡阶段计时，并记录在黑板上。我们如何做才能让学生在不推搡彼此的前提下迅速排好队？我们如何做才能让学生快速地拿出黄色地理文件夹和彩色铅笔？我们如何做才能鼓励学生打破从房间里拿出书包的最快纪录？

使用一个计时器，看看你的班级在第三次打破课堂守则之前能坚持多长时间。这个方法用在课堂守则二“在开口说话前请举手”上尤其管用。我们给学生三次尝试的机会，因为我们不希望课堂里的每一个学生感到沮丧。当第一次打破课堂守则时，你可以说 :“这是一次啦！”然后在黑板上写上“一”，接着鼓励你的学生 :“我们看看在有人再次忘记或者打破课堂守则之前，我们是否可以坚持更长时间。”当第三次打破课堂守则时，你要在黑板上写下学生打破课堂守则的总次数。

你可以和学生说 :“好的。这是一个好的开始。下一次，我们可以比赛一下，看看我们能不能做得更好。”我们可以大约一个星期左右尝试一次这样的课堂游戏，然后计划开展新的具有挑战的课堂游戏。“让我们看看在第二次打破课堂守则之前能坚持多长时间！”

米歇尔·霍尔特是我们在得克萨斯州一名全脑教学实习教师，他发现 : 在一次玩这个游戏的时候，她的孩子们在第二次打破课堂守则之前只用了22秒！这真是吵闹又精力充沛的得克萨斯学生呀！

课堂游戏

37

接硬币绝技表演

选择一个具有挑战性的目标“在打破课堂课堂守则二之前坚持30分钟”，向你的孩子们保证，如果他们能够接受这样的目标，你将表演一个神奇的特技。

当学生达到了你的目标，你可以在这一天快要结束的时候，召集所有的人围到一起，看你表演绝技，在这里我将分享一个非常值得你掌握的绝技，那就是“抓住从手肘上掉下来的硬币”。这个绝技听起来似乎不可能掌握，但事实上只需要在家里练习10-20分钟便可以很好地掌握这门绝技。

弯一下你的右手臂（如果你习惯用右手），将你的右手背放在你的右肩上。你的右肘将与地面平行，平行到足够放稳一枚五角的硬币。将硬币放在你的右肘上，然后，进行平滑的移动，然后，毫不迟疑地放下你弯曲在右肩上的右手，经过不断的练习之后，你就能接住掉落的硬币。不要尝试着去特意接那枚硬币，不要往上弹你的肘部，你只需要将你弯曲的手放下，这枚硬币将笔直地掉下来，你完全可以毫不费力地从半空中接住它。这是一个非常精彩，也非常让人吃惊的绝技，当你能接住一枚五角的硬币时，接住第二枚就轻而易举了。接住一枚五角的硬币和一枚一元的硬币，听上去非常困难，因为硬币的尺寸不一样，但这个游戏依然很简单。

现在请仔细听！

接住五枚、十枚和十五枚硬币是同样简单的事情。我是一个笨手笨脚的人，但是我曾经一次接住过28枚硬币，真是太动人心魄了。最酷的事情是你能够持续扩展这个绝技……“好的，今天如果你们能在打破课堂守则二之前坚持45分钟，我将尝试表演接住两枚五角的硬币、2枚一元的硬币！”孩子们也将在家尝试练习这个绝技，并恳请你让他们在课堂上表演。非常好。“好的，今天，如果每个人能够在打破课堂守则二之前坚持55分钟，我们将让怀尔德·杰克和拉科奇·露露表演接住手肘上掉落的硬币的绝技。”

课堂游戏

38

批判性思考

我们希望学生对任何事情都能够进行批判性思考，甚至包括对我们的课堂守则进行批判性思考。全脑教学批判性思考的核心是头脑中思考的“因为”。

“因为”连接着论述和支持性论据。

我喜欢全脑教学（论述），因为它很有趣（支持性论据）。

《詹姆斯和大仙桃》是一本伟大的书（论述），因为你永远都不用去猜接下来会发生什么（支持性论据）。

我们必须认真地修改我们的文章（论述），因为我们总是在努力提高我们的写作技巧（支持性论据）。

在一天中，你可以频繁地给孩子们创造一些动脑时刻。在60秒之内，尽可能多地口头表达下面的句式：

________________________，因为________________________。

举例说明，“课堂守则一是一个好的课堂守则，因为________________”，“操场上记住课堂守则四非常重要，因为______________”，“一个好的课堂守则将是_____________，因为________________”。

动脑时刻和“因为”思维模式显然也可以用在其他批判性思考的任务中。

“布克·华盛顿是一个伟大的人，因为_____________________。”

“大学将会非常精彩，因为_____________________。”

动脑时刻将被用于给学生一个在正反面之间进行选择的机会。

“《人鼠之间》（美国作家约翰·斯坦倍克的小说）是/不是一部伟大的小说，因为_____________________。”

“计算机会/不会让生活变得简单，因为_____________________。”

“每个人都应该/不应该去上大学，因为___________________。”

也许最好的使用动脑时刻的方式就是提高学生讲三重句子的能力。学生可能会花费一分钟的时间或者更多的时间去修改语句，就像下面的句子一样。

“美国南方注定是要在美国内战中失败的，因为_____________，_____________和_____________。”

“三种改善我们环境的方法是_____________，_____________和_____________。”

“最好的人生目标就是________________，________________和________________。”

课堂游戏
39

让学生选择课堂守则

你可以对学生说："举起你的手指，1-5根手指，告诉我哪个课堂守则你认为我们在接下来的一个小时之内能够最好地遵守。"选择那个得票最多的课堂守则，将课堂守则的数字作为额外的奖励写在计分板旁边。标注上正分和负分，密切关注如何让学生更好地遵循课堂守则。当学生选择一个课堂守则时，你要确保你的学生会很好地遵循它。

大脑的真相：

前额皮质是大脑的逻辑中心区，直到20岁才能完全发育好。这就是为什么孩子经常会做出非理性的选择。你的学生不是"坏"，他们只是前额皮质没有完全发育好。在课堂守则四"作出聪明的选择"方面，你给孩子的练习越多，你就越能让孩子大脑的逻辑中心区得到很好的发育。

课堂游戏
40

掷骰子

你可以对学生说："我想看看谁在＿＿＿＿＿＿方面表现得最好（挑选你想要看到的行为）。表现得特别好的学生将获得掷课堂守则骰子的机会。"教一会儿课程知识后，你就可以挑选掷课堂守则骰子的学生了。我们有五个课堂守则和一个钻石守则，你可以挑选学生用掷骰子的方式来练习课堂守则。（非常让人惊讶的是，学生为了赢得掷骰子的特权几乎愿意去做任何事情）。无论你选择从什么时候开始，都可以用数字1－6来表示你将要在计分板上奖励的课堂守则。

课堂游戏
41

大眨眼游戏

一旦你的学生学完了五个课堂守则和一个钻石守则，那就是时候使用"大眨眼"课堂游戏了。在一堂课上的某些时候，你可以闭紧你的双眼，你的学生必须说出课堂守则，并尽可能快地做出相应的手势……当然这一切都要在你睁开眼睛之前完成。如果学生在表演时还加上了神奇的特技，那就在计分板上给他们两分（只能在学生表演特技的时候加分！）为了让这个游戏更有趣，你可以睁开一只眼睛。这将会让你的孩子们更快速地进步。

课堂游戏 42

领袖盒子

就像在课堂游戏1中我们所提到的那样，在全脑教学中，我们的首要目标是因学生的进步而奖励学生，而不是因学生的能力而奖励他们。进步神速组是因为学生在社交或者学业能力上能保持持续进步而奖励学生；这个课堂游戏则提供给了一个因学生微小的进步而对学生进行的奖励系统。学生取得大的进步时，该怎么办呢？使用进步神速组。学生取得小的进步时，该怎么办呢？我们可以使用领袖盒子这个课堂游戏。

领袖盒子

集中注意力	镜像模拟词语	沉默镜像模拟	神奇镜像模拟
手眼结合	课堂守则一	响亮的耶	响亮的呼声

在盒子外面，粘上类似图书馆的卡片袋子，袋子里装着你频繁使用的全脑教学标签。

将每一个学生的名字分别写在5张卡片上。因此，如果你有30名学生，你将拥有150张卡片。按照字母顺序排列这些卡片，或者其他任何方式，这样的话，你就能快速地选择一张学生的卡片。当你在任何社交或学业技能上记录了学生的进步，将学生的名字卡片放进相应的袋子里。如果你在一天里看到了学生持续的进步，学生的卡片就会一次又一次地放进袋子里。当一个学生的卡片放进袋子里的时候，全班学生会喊“哗啦”，后边再带上这位学生的名字。因此，胡安会得到一个“哗啦，胡安”的呼声，玛丽会得到一个“呼啦，玛丽”的呼声。

世界上还没有哪位孩子可以抵挡住“呼啦”的诱惑。

无论何时，你都可以在领袖盒子里戏剧般地画一张卡片，一张幸运卡片。将这张卡片放在其中的卡片袋子里。当很多学生的名字你都画过了以后，盒子外面看上去就像下边的图片一样：

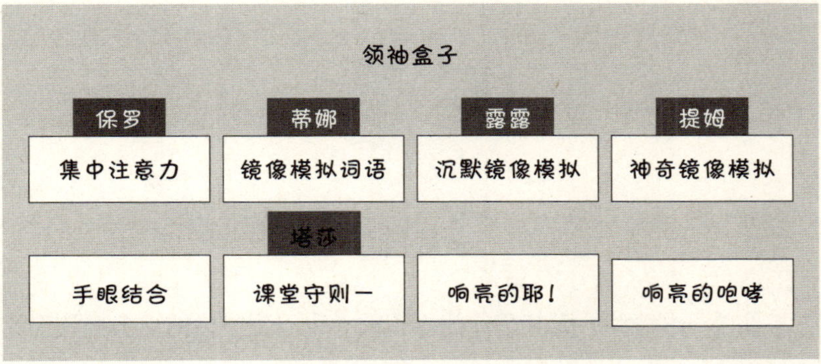

被挑中的学生会得到令人兴奋的特权，这个特权就是成为这一天中的呼喊领导者。当你对着蒂娜点头时，她大声喊道："镜像模拟词语！"整个班级的学生都做出相应的回答："镜像模拟词语！"当你指向塔莎时，她大声喊道："课堂守则一！"整个班级的学生都做出相应的回答："快速听从指令！"对学生进步所给出的最大奖励就是让学生成为一天中的课堂领袖。

可以偶尔示范一下如何快速地让整个班级回应课堂领袖的呼喊。在周末清空领袖盒子。

星期五的时候，对一位难管教学生说："如果我看到你在星期一有进步，你的名字将出现在盒子里的第一个。因为我可能会忘记，所以记得在星期一的早上提醒我。"这将让你的难管教学生一整个周末都想着这件事情！

接下来的课堂游戏并没有紧密地符合我们的五个课堂守则的范围，但是它解决了一个主要的教学问题——关注一小部分学生而忽略了其他的学生。

课堂游戏 43

卡片排序

你的一些学生，尤其是你的难管教学生得到了你的更多关注（对他们的担心、晚上辗转难眠、额外的巧克力），这比他们平均应该分享到的你的关注多很多。其他的学生通常是那些默默无闻的学生，则很少得到你平等的关注。停止对你的难管教学生倾注过多的注意力。每个孩子都应该得到你同等的关注。

为每位学生制作一张卡片，对这些卡片进行排序，确保上面的卡片是那些曾经很少得到关注的学生，最下面的卡片则是得到过教师很多关注的学生。在你一天的教学当中，对那些受关注度很低的学生始终保持微笑，拍拍他们的后背，说一些鼓励的话语。渐渐地将这些逐渐得到关注的学生移到下面，将新的学生移到上面你能关注到的地方。每个孩子都渴望被关注，首先好好关注那些你很少邀请到你办公桌前的学生。排在上面的学生是你每天应该重点关注的对象，给学生多一些关心吧！

由于我们已经有了一些关于课堂管理的办法以及日常教学策略，让我们关注一下至关紧要的课堂学习活动——写作！我教作文已经40年了，这40年在写作方面的奋战史将是你能在本书中得到的收获。

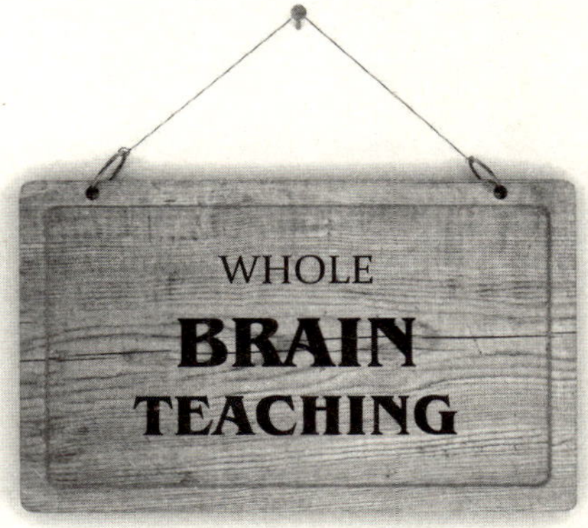

5

第五章

写作游戏

我以写作来发现我所知道的。

——圣奥古斯丁

每一个全脑教学教室都是一个写作图书馆。任何学科的每一堂课在开始时，都要以一个这堂课能回答的问题开始。什么是动词？什么是音阶？怎么解二次方程式？农业革命如何改变人类社会？而在一堂课结束的时候，写作任务就成了最直接的学习任务。学生会针对这个课堂问题写一个详细的答案。

课堂游戏

44

给艾瑟里亚星球居民写信

在太阳的另一边，我们看不到的地方，高速旋转着一个神秘的星球艾瑟里亚。当地球移动的时候，艾瑟里亚星球也在移动……艾瑟里亚看起来非常像地球，有与地球相似的陆地、河流和山脉。艾瑟里亚星球所拥有的社会历史非常像我们地球的历史，从原始的狩猎收集者演化到视频游戏爱好者。

不幸的是，艾瑟里亚星球没有学校！

卢克斯创造了艾瑟里亚星球文明世界的很多伟大先例。卢克斯进入睡眠状态想看看地球上发生了什么……并把地球上有价值的信息展现给艾瑟里亚星球上的其他居民。

你可以向你的学生解释所发生的一切：艾瑟里亚星球的居民喜欢地球……他们想知道，并且非常渴望知道地球上的一切，因为艾瑟里亚星球没有学校。

你可以对学生说："我们只有一节课是用来教动词的。这节课的问题是'什么是动词'，现在，给艾瑟里亚星球的居民写一封信，向他们解释什么是动词，并教会他们你知道的关于动词的所有知识，动动你们的小脑袋瓜儿给他们大量新颖的例子！教教这些可怜的、充满渴望的艾瑟里亚星球居民们！今晚我将通过艾瑟里亚星球的包裹服务将你们的信件寄往艾瑟里亚星球。也许，明天我们就会收到他们写的回信，回信里一定会有很多我们正在学习的知识！"

如果你希望学生的信件写得结构完整、内容清晰明了，你可以在黑板上写一个写作大纲，描述每个段落应该包含哪些内容。

当然，当你在学生写给艾瑟里亚星球居民的信上标注了学生的进步时，你要记得用进步神速星来奖励他们。

如果给艾瑟里亚星球居民写信是一个目的明确的写作作业，那么接下来我们要重点阐述的三重句式就是一个目的明确的主题句。

课堂游戏
45

三重主题句游戏

全脑教学写作方法的一个关键组成部分就是三重主题句。三重主题句具有强大的通用性，因此这种句式可以从幼儿园开始学习，直到高中都可以非常有用地运用这种句式。我很庆幸我从教学岗位退休之前就发现了这种奇妙的写作策略！

下面是简单的三重主题句。

__________是__________，__________以及__________。

这三个空白处我们可以用各种各样的句子来填满。

全脑教学是有趣、易学以及能够激励学生的。

《指环王》这部电影是塑造了很多伟大角色、充满美丽风景以及让观众兴奋的。

亚马逊河是世界上最长的一条河、能够为数以万计的农民提供灌溉水源以及它已经开始被污染了。

三重主题句最美妙的地方就是在一篇文章中，它三个部分中的每一个部分都能扩展成一个段落。举个例子，一篇关于下面第一个句子的文章大纲可以进行如下变通：

全脑教学是有趣、易学以及能够激励学生的。

一个段落描述全脑教学非常有趣。

一个段落描述全脑教学如何易学。

一个段落描述全脑教学如何激励学生。

使用词汇“因为”将三重主题句转换成议论文的主题句。

__________，因为__________、__________以及__________。

美国国会必须在教育上花费更多的金钱和时间，因为美国落后于其他发达国家、很多的学校遭到了严重的荒废以及学生是国家的未来。

欧内斯特·海明威是一个伟大的作家，因为他的故事具有现实性，总是用简单却生动的语言描述戏剧性的事件。

数学问题是非常难的，因为这些问题通常需要两次或者更多次数学运算，要求小心地阅读，而且很难运用想象解决。

用颜色编码来帮助学生理解三重主题句的结构。用彩色标记将下面的句子加亮，向学生展示一个紧密组织的段落结构。

__________，因为＿＿绿色原因＿＿，＿＿蓝色原因＿＿，＿＿红色原因＿＿。

一个关于绿色原因的句子。一个关于蓝色原因的句子。一个关于红色原因的句子。

一个用颜色编码的三重主题句扩展而成的文章，能够使用下面这样的模式。

__________，因为＿＿绿色原因＿＿，＿＿蓝色原因＿＿，＿＿红色原因＿＿。

一个关于绿色原因的句子。一个关于蓝色原因的句子。一个关于红色原因的句子。

一个关于绿色原因的段落。

一个关于蓝色原因的段落。

一个关于红色原因的段落。

一个关于绿色原因、蓝色原因以及红色原因的段落。

鼓励学生去匹配三重主题句的颜色编码，以增加他们参与课堂的积极性。

学生总是写不好作文的一个重要原因就是他们不愿意进行充分的写作练习。我们的解决方法是提供数以百计的机会让学生口头练习优质的写作技巧。

将你的学生配对，一个在写作方面很弱的学生搭配一个在写作方面很强的学生。给他们一分钟的时间，让他们尽可能多地口头练习填充下面的空白处，在一分钟之内，轮流交换的次数越多越好。

______________，因为______________。

你可以布置一个或者更多的主题（战争、理想、作业）或者给学生机会让他们随意选择自己感兴趣的主题。

当你对你的孩子们填充“因为”后面的一个空格感到满意时，请继续增加到两个空格。

____________，因为____________以及____________。

再一次，让学生在规定时间内尽可能多地口头练习填充下面的空白处，轮流交换的次数越多越好。不断地设置并打破纪录。

接下来的一步就是继续鼓励学生练习三重主题句。

__________，因为__________，__________以及__________。

当学生口头讲述一个三重主题句的技能不断进步时，你就可以像我们上面所谈到的那样，将一个三重主题句扩展成段落和文章的模式写在你的白板上。每五次口头练习要加上一次写作练习。你会看到学生的写作技巧得到极大提高。

在让学生当老师这个全脑教学法中，无论孩子们什么时候讲一个三重主题句，他们都会说“哗啦”，希望获得教师的注意力，以将他们的名字放在领导者盒子中。

三重主题句的大致框架是这样的：

“老师说过__________、__________以及__________。”

“我们想到的三个主要方法是______、______以及______。”

“我们需要记住的最重要的要点是__________________、以及__________。”

最好、最普遍的三重主题句包含了给出三个原因去支持论点。例如“__________________，因为__________________，以及______________。”当孩子们接受了三重主题句中的一个部分，这就是一种特殊的奖励。因此，你不用被迫去分心，学生将记住他们最好的黄金三重主题句，并在课间休息时告诉你。如果你认为这个黄金三重主题句代表着学生通过之前的努力，让自己的表现有了改善，学生就会在班级里念出这句话，然后全班同学都欢呼：“哗——啦——叮——叮！”然后，你将这两个配对的学生的名字放进领袖盒子中。

大脑的真相：

大脑最持久的记忆是通过视觉皮层和运动皮层获得的。这就是为什么你记住人的面孔比记住人的名字更容易一些，因为面孔储存在你的视觉皮层。如果你在七岁时学会骑自行车，直到90岁你再也没骑过自行车……你依然还记得怎么骑自行车。骑自行车的记忆储存在你的运动皮层。就像全脑教学一样，人的大脑通过视觉皮层和运动皮层的锻炼会学得更好。

课堂游戏
46

对错误跺脚

教师会花费很多无效的时间去校对学生的作文。事实上，需要识别语法错误的是学生，而不是教师。如果你替学生刷牙，你的学生如何能学会更好地把他们的牙齿刷干净？

对错误跺脚！提高学生作文的校对技巧，将是一条漫长且艰难的道路。基于你的学生的阅读水平，在互联网上找一页选择的文字。复印并将两份复印件粘在一个文字处理文件上。在一份复印件中，介绍你想要学生辨认出的错误。例如，多加了不需要的大写字母和少了需要适当使用的大写字母。或者，删除了时间，插入了额外的逗号，误删了需要的逗号，拼错了简单的字词……标出任何你希望学生能够辨别出的错误！（无论怎样，这都是提高学生作文校对技巧最好的开始，随着孩子们鉴别能力的提高，你还可以增加别的内容。）在一张纸的一面打印作文的错误版本，在另一面打印正确版本。要求孩子们独立或者结对纠正作文的错误。五到十分钟之后，告诉他们对着正确版本检查标记的错误。无论何时，只要他们发现并改正了错误，他们就可以开心地跺脚两次。跺脚是一种很好的庆祝方式，因为这种方式让人精神充沛并且不是很嘈杂。我们已经发现了跺脚的这种庆祝方式比将椅子抛向空中或者袋鼠挠痒法要好得多。

课堂游戏 47

书写游戏

为了提高学生的书写能力，在上课写作期间，要求孩子们在书写潦草和书写整洁的句子之间进行互换。第一个句子是潦草的，下一个句子是整洁的，再下一个句子又是潦草的，如此往复。让学生书写潦草的最终目的是为了让书写变得更加整洁！

下一个阶段，孩子们写一个潦草的句子，然后写两个整洁的句子。为了让孩子更仔细地关注到细节，孩子们可以分开练习影响书写整洁度的各个方面，比如大写字母、间距、句号、行首留空格……或者分开练习影响易读性的书写要素。在房间里走来走去，真诚地赞美那些很快就变得整洁的潦草笔迹。

停一会儿。

当你看到这些建议时，请记住，它们的教育价值与其娱乐价值直接相关。正如我所说，你的孩子学习时享受的乐趣越多，他们就会学得越多。例如，刚刚我们描述的“潦草—整洁”游戏，你可以试着喊道：“哦，我的朋友们。让我们做一些古怪的事情！请跟我说‘呀啧得嘞’！（孩子们大声喊‘呀啧得嘞’！）做得好。我希望你们能给我看看你们最不整洁的书写！ 是的！ 潦草书写！ 然后，在你们写出每一个潦草书写之后，让下一个更完美，让它看起来就像是写作机器写出来的一样整洁……”如此等等。

只要课堂设计得当，任何课堂练习都会是非常有趣的。

课堂游戏 48

鹰和地鼠的校对方法

我使用这个课堂校对游戏很多年了，这个教学游戏是在我修改了几十年的大学文章之后才发明出来的。这是一个我如何恢复理智的课堂游戏。

首先，我在黑板上列出一系列我希望学生在他们邻座作文中标出的错误：大写、句号、拼写错误、省略号错误、对作业的错误理解、未正确使用三重句式文章模板等。

然后，我会说：“把你们的作文给你们的邻座。恳请她或他在纸上标出你作文中的所有错误。当这些事情都做完以后，举起作文纸，在空中慢慢地挥动它。环顾教室四周。当你们看到另一张作文纸也在挥动时，要像一只捕猎地鼠的鹰，快速乘虚而入，交换试卷。直到我喊停的时候再停下来。”

有了足够的练习之后，这个技巧能确保学生的作文上填满了修正建议。当孩子们最终拿回自己的作文时，我会对他们说：“在你们的作文纸上有很多的标记。在每一个你以为是错误的错误旁边标注一颗星。当你不同意同学修改的错误时，请不要在这样的错误旁边标注星星标记！”这总是会引发学生和我之间的讨论，比如是什么导致了作文错误，怎么修正错误，等等。这真是一个难得的教学机会！

当我进行下一个步骤时，我会说：“现在，数一下你标星的错误，在你的作文纸的右上方角落里记下这个数字。但是，请集中注意力。如果我发现一个被正确修正的错误你没有标星……我每发现一个这样的错误，都将扣除你成绩的10%！”

学生在这一点上得分其实是轻而易举的事情。已经校对过了的一堆错误，以及一些实际的错误都可能已经被孩子们标注出来了！我会阅读这些作文，浏览每个用星号标记的错误，看看我是否也认为这些错误是真正的错误。如果有很多的星号，那就意味着较低的成绩。优秀的作文只有少量的星号。我会花更多的时间仔细阅读这些错误，并提出改进建议。

课堂游戏 49

红色/绿色多点标记

写作存在的一个问题是它涵盖了太多的技巧：使用大写字母、句子结构、拼写、语法、标点符号、有效使用形容词、副词、同位语、引语……以及不要忘记省略符号！

学生写作时会遭遇一段很艰难的时期，因为实在有太多的概念需要他们记住。从跳舞到谈钢琴，任何复杂的技能学习都需要在一个时间段内只教一个技巧，同时反复练习这个技巧。在写作方面，也让我们遵循同样的规律吧。

给你的孩子们一个十分钟的写作任务。对他们说："在十分钟结束前不要停下来。"这将让学生避免匆忙完成写作任务。要确保在所有学生都完成任务之前没有学生提前匆匆完成任务。

在一开始的时候，你就要告诉学生："我今天想让你们完成的任务就是整洁地书写。就是这样！惟一的任务就是你们整洁地书写！我将带着红色记号笔和绿色记号笔在教室里走动。在你最整洁的字迹旁边，我会标上绿色的标记，在你最潦草的字迹旁边，我会标上红色的标记。请让我留下更多的绿色标记而不是红色标记！"

随着每周学习任务的开展，你可以在你的红色/绿色标记列表中增加下面的内容，下面的内容不存在先后顺序。

- 整洁的间隔。
- 整洁的句号。
- 一行中的两个句子不能以相同的单词开头。
- 句子长度的年级水平（幼儿园：句子必须长于4个字；高中：所有句子必须在7–15个字之间）。
- 段落缩进。
- 段落长度（3–5个句子）。

• 在文章正文中每一个表示细节的句子中的形容词下划线。

• 在句子开始时没有使用“和”字，或一个句子不能包含多个“和”字。

• 每个句子通过电话测试（如果你在手机上听到学生传过来的句子，这将是非常有意思的事情）。

我们建议学生每天早晨和下午都花十分钟时间进行写作练习。早晨的写作任务可以选择上面“红色/绿色标记”清单中的任意一条进行集中练习；下午的写作任务可以集中选择“红色/绿色标记”清单中的几条进行练习。当学生的写作技巧所达到的范围在你眼里开始变得越来越清晰时，可以基于每个学生的能力，给每个学生单独布置红色/绿色目标。

七大问题：七种有效的解决方案

在全脑教学的游览胜地，我们的旅程已经过半了。我想你可能会被我们的学习玩具弄得不知所措。很好！还有什么比拥有足够多的方法让教学变得有趣的呢！

我已经挑选了少量你也许可以用得上的课堂游戏。

就像考虑问题的解决方案一样，我们要认真考虑游戏的娱乐性。下面的方法可以解决七个我从教师们那听到的最普遍的困难。

1. 问题：你的学生在对技能的掌握能力方面有很大程度的不同，这些学生能力的范围包含从特殊教育到极具天赋。

解决方案：进步神速组。

2. 问题：你的学生讲话之前没有先举手。

解决方案：用错误/正确方法练习课堂守则二“在开口说话前请举手”。

3. 问题：你所有的学生写作技巧都很弱。

解决方案：进行很多的口语训练，让学生多练习写信，多进行三重句练习。

4. 问题：你的学生注意力集中期很短暂。

解决方案：用各种形式的集中注意力、镜像词语和让学生当老师来促进课程的进展。

5. 问题：总的来说，你的课堂总是显得了无生趣。

解决方案：采用多层级的计分板！

6. 问题：你有太多可爱的淘气鬼学生。

解决方案：给难管教的学生布置很容易完成的进步神速目标。计算你的课堂参与平均值和难管教学生每周的平均值。从“长谈话、短谈话以及一起计划”这一课堂游戏开始，让孩子们在第九章提到的“给难管教的孩子们的课堂游戏”中体会到紧张等待后的惊喜。

7. 问题：学生阅读起来很慢，而且很难理解阅读的内容。

解决方案：请继续往下翻。

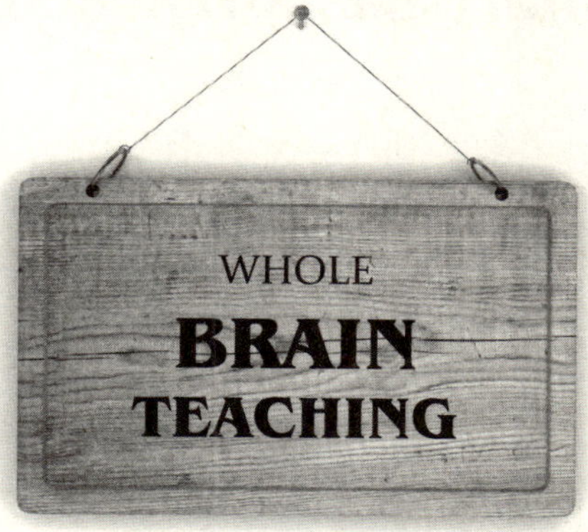

6

第六章

数学游戏

不管数学的主分支是多么抽象，总有一天会应用在这个实际的世界上。

——罗巴切夫斯基

课堂游戏

50

数数游戏

许多幼儿园小朋友学会了数100以下的数字，但是他们不知道这些数字意味着什么。如果你问一个六岁的孩子："35是什么？"你可能得到的答案是"35在34的后面"。使用下面描述的扩展方法，一个学生将会这样明确地回答："35 = 10 + 10 + 10 + 5"。

当你在课堂上大声计数时，你可以教孩子这种模式（和手势）："11 = 10 + 1（举起10根手指，然后举起1根手指）。12 = 10 + 2（举起10根手指，然后举起2根手指）。13 = 10 + 3（竖起10根手指，然后竖起3根手指）。"以此类推。

当学生学到20，就变成20 = 10 + 10（举起10根手指，然后再举起10根手指）。21 = 10 + 10 + 1（两次举起10根手指，然后再举起1根手指）。

一旦孩子们学会了用扩展的形式数到20，那么你就可以开始准备带孩子们玩数数智力游戏了。在白天的任何时候，问整个班级这样的问题："（插入数字）是什么？"班级学生用扩展的形式来给出回答，并做出相应的手势。

在学生掌握了数数智力游戏后，可以让学生继续玩下面的游戏。

课堂游戏

51

左手游戏

许多教师认为位值是小学数学最困难、也最根本的学科知识点。

举起你的左手，掌心朝向你自己。从你的小指开始，要求你的孩子重复下面的句子：

"这是我的最小的个位（婴儿的声音：用你的右手抓住你的左手小指）。

这是我的大的10位（孩子的声音：抓住你的左手无名指）。

这是我的很大的100位（成人的声音：抓住你的左手中指）。

这是我的非常大的1000位（非常大的声音：抓住你的左手食指）。

这是我的巨大的10000位！（用巨大怪物咆哮的声音：抓住你的左手拇指）。"

几天后，在学生掌握了这种模式后，继续下面的步骤（这需要花一周或更长的时间）。

1. 教学生数到9，用婴儿的声音，并用右手抓住左手小手指，说道："1是个位数上的1。2是个位数上的2。3是个位数上的3。"以此类推，使用计数棒来分清这些数字的位值。

2. 教学生数到20，可以教他们使用孩子的声音并抓住他们的左手无名指和左手小指。"10是10位上的10和个位上的0。11是10位上的10和个位上的1。12是10位上的10和个位上的2。"以此类推，当你的孩子已经做好了充足的准备，就可以进行更高级别的游戏。

3. 在你的学生学会了10位数之后，可以继续让他们用其他的手指来学习100位、1000位和10000位。

课堂游戏 52

帮帮我

当你的学生在听你讲课时，无论你是向前数，向后数，跳数，你都可以在任何地方停下来，停止你的手势，然后大声惊叫："帮帮我！"你的学生通常会很热情地接着你的顺序来数数。

作为对这个游戏的一个变通，当你在黑板上解决一个问题时，你假装被这个问题难住了。停下你的手势，然后大声惊叫："帮帮我！"即使你的孩子给出的回答有时是错误的，但他们会很乐意帮助他们亲爱的老师。相信我，当你是个孩子的时候，没有什么快乐能比得上帮助一个无助的成年人。

课堂游戏
53

太酷了

和上面的情况类似，偶尔故意在黑板上犯一些数学错误，有时候狡猾一点，有时候离谱一点。教你的孩子即时发现你的错误，当他们发现时，他们会大声惊叫："你太酷了！"然后得意洋洋地纠正你的错误。

现在，暂停一下。回想这一章的数学游戏。在下面列出能够给你的孩子们最大帮助的游戏。

7

第七章

测验游戏

在六年级的时候我就去了一所公立学校，考出好成绩对于我来说是轻松平常的事。

——比尔·盖茨

在这一章里，我要揭开提高学生考试成绩的秘密。这是一个很简单的秘密。从开学第三周开始，孩子们需要学习每天的样本考试问题。那教师需要怎么做呢？请微笑着继续阅读。

课堂游戏
54

下星星雨

你的学校或地区投入了许多专业开发时间去测试学生的考试技能。问题是，考试的时候，你如何激励孩子们去使用这些技能呢？

教师和管理员总是强烈希望提高学生的考试分数，但这里面有多少心思是为了学生呢？在很多州，教育者可以重新分配或失去他们的工作，但结果就是带来低分数模式。

下面是我们的两个步骤解决方案。

第一步，学生应该进行每天的考试练习。在互联网上可以找到成千上万的样本问题、能够收获考试技巧的课程。15分钟的日常练习会提高学生的考试能力。

第二步，考试准备不能成为一种沉闷的练习。我们需要有趣的日常考试排练。

这里是一个有趣的考试练习。

你的字母表已经确定了一套考试技能，从A到G，这套考试技能已经被证明了能够提高学生的考试成绩。选择一个技能A。示范错误的方法和正确的方法。让孩子们指出为什么正确的方法是一个聪明的选择，错误的方法是一个愚蠢的选择。然后，学生利用考试技能A检验几个样本问题。表扬那些能够积极参与考试技能练习的孩子们，给这样的孩子奖励几个进步神速星（安静地在学生试卷上画一颗星）。一个学年很漫长，所以在圣诞节前要吝啬一点，不要给孩子们奖励太多进步神速星。多练习考试技巧，少奖励进步神速星。随着时间的推移，在考试练习过程中可以增加进步神速星的数量。

我们从来没有发现一个比进步神速组更有激励作用的学习系统；这就是为什么我们要把它排在第一个游戏介绍给大家的真正原因。如果这个美妙的娱乐游戏是你日常教学的一部分，孩子们能够看到自己的同学进入进步神速表中，他们也知道任何练习都可以赢得进步神速星，甚至连练习考试，学生都能热情相迎。

简而言之，你的策略是一次练习一个考试技能。然后，慢慢地再练习几个技能，最终练习所有的考试技能。当你看到进步之后，奖励进步神速星给孩子个人或者团队或者整个班级。秋季，要少奖励进步星；冬季，多增加一点点进步星；春季……就可以下星星雨啦！

在大型考试前的最后几个星期，拿着一个包含学生名字的纸夹板走进教室。在你认为合适的时机，将进步星画在学生名字旁边，在练习接近尾声的时候、将进步星转移到进步神速者表格中。

然后，在考试当天和学生说：“我将观察你们的表现，并在我的纸夹板中记录下来。今天是非常重要的日子。如果你们在考试的时候能够很好地运用考试技巧，我将奖励你们两倍甚至三倍的进步神速星！”

当然，当学生正在参加考试时，你要保持沉默，但你可以携带一个纸夹板默默地为学生出色的考试能力进行奖励。

在临近年底考试的时候，备考的困难之处就是学生必须掌握众多的考试技巧：核心知识娴熟掌握，识别关键词，淘汰繁杂知识。在学生自己练习考试技能的过程中，学生要组队学习，一个很弱的学生搭配很强的学生。

课堂游戏
55

挖掘关键信息

向你的班级解释，考试设计者创建的问题是专为迷惑学生而设计的。考试设计者最喜欢的技巧之一就是用许多不重要的单词来创建一个真正的问题。你必须让孩子们学会在沙砾上挖洞，如何在那些不重要的字中发掘出隐藏的关键信息和核心字眼……这些信息会引向正确答案。

使用样本试卷，将问题大声地朗读出来，尤其要重点强调核心字眼。讨论关键字词和其他剩下字词、沙砾之间的区别。当你把每一个重要的单词都读出来的时候，在找到核心字眼后你可以用握紧拳头的方法来表达你的兴奋。让考试试卷上的问题读起来既让人兴奋又让人激动。哦，找到核心词和打败那些刁钻的考试设计者是一件多么有趣的事情！

学习薄弱的学生搭配学习厉害的学生，结成学习互助小组。孩子们轮流阅读问题，在碎石中不断挖掘，努力寻找金子。他们反复地向对方解释哪些词是有价值的。然后，让一些学生分享他们的发现。为了获得额外的效果，可以将每一个考试问题复制成两份，一份给学生，一个写在白板上。写在白板上的考试问题，则用粗体显示关键词，这样学生就可以评估他们发掘关键词的成功率。

课堂游戏 56

寻找傻瓜的猎人

将学习厉害的学生和学习不好的学生配对。从考试的问题中选择项目样本。每一对的任务就是读懂一个问题，并且找出傻瓜答案，这个答案必须是明显错误的。他们用手势向对方解释为什么答案一定是“傻瓜答案”。

将下面这个句子框架写在黑板上：

________是一个傻瓜答案，因为___________（增加句子细节）。

号召一些学生分享他们的推论。鼓励他们增加一些句子的细节来解释他们是如何得出推论的。然后，继续下一个问题。没有什么比做一个寻找傻瓜的猎人更让学生兴奋的了。

课堂游戏 57

识别骗局

再次向你的孩子们解释，考试设计者喜欢愚弄孩子。考试设计者最狡猾的策略就是：在每一个问题中，都安排一个非常接近正确答案的选项，这是一个骗局！可以按照上一个课堂游戏“寻找傻瓜的猎人”相同的流程来教学生识别考试设计者的骗局。无论如何，在为考试做准备的早期阶段，为了培养学生的信心，选择5-10个样本问题，在这些问题中，学生可以寻找到一个傻瓜答案，而且在每一个问题中他们都能识别出一个骗局。

你会发现，为了解释为什么这个答案是一个傻瓜答案或者是一个骗局，孩子们会积极去识别正确答案。在每一场寻找傻瓜答案和识别骗局的练习中，要给学生大量的上场时间。如上所述，我们建议在开学的第三周就开始准备年终考试。

课堂游戏 58

秘密标志

继续解释考试设计者隐蔽的诡计。当他们设计数学问题的时候，考试设计者试图把学生的数学运算方式和正确答案混淆起来。让互相结对的学生阅读大量的考试问题，并学会辨认哪些数学运算应该用加法、减法、乘法、除法或者混合运算。教师可以花很长的时间和学生玩关键字游戏，为暗号做准备。学生轮流阅读和讨论问题。他们的任务不仅要互相证明正确的数学运算，而且要找到其他运算不正确的原因。

课堂游戏 59

关键词阅读

把段落里涉及到的关键词的清单发给学生，这一点在整个学年和大型考试中非常重要。列出这些关键词，在你的课程中按顺序介绍这些关键词，把最重要的关键词用粗体标注出来，或者多标注几次。一个学生是快速阅读者，另一个学生是导师，快速阅读者在一分钟内读出尽可能多的单词，导师的工作就是协助快速阅读者。在一分钟结束的时候，快速阅读者要读到最后一个关键词。然后，她再重新开始寻找机会打破她的阅读纪录。如果纪录被打破，那么下次她再玩这个游戏的时候，她从起点开始又要多读五个关键词。当快速阅读者完成第二次游戏后，就轮到导师来玩这个游戏了。

在任何一个年级对学生来说，理解你课程中的关键词就像理解外语一样困难。他们甚至从来没有听到过这样的词：分数、介词、葛底斯堡、情节、缩进等。他们越频繁地练习这些词汇，学习效果就会越好。如果在你介绍“分母”这个词之前他们就已经说了25次，他们就不会对分母感到困惑了。噢，分母！我听过这个词！

课堂游戏

60

证明你的判断

在白板上投影一个考试样本里的问题，学生独自或成对地选择正确的答案，然后证明为什么他们的答案是正确的，并且将原因写下来。上升到更高级的水平上，学生则需要更多的时间来证明为什么其他答案是错误的。

8

第八章

应对难管教孩子的课堂游戏

孩子不会记得你教他们什么，他们会记得你是什么。

——吉姆·亨森

十几年前，我们开始为教师提供以新教学技术为主要的免费研讨会，这些新教学技术以我们所知道的教师需求为基础。我们提供关于国家考试准备、阅读、写作、数学、批判性思维方面的周六会议。我们在南加利福尼亚做互联网广告，所吸引过来的教育者从来没有超过30名。我们缓慢地日复一日地尝试去吸引“一大群”（如50或60名）的教师，但是每次都失败了。

我们一直在问自己：“什么是打开教育大门的金钥匙？我们需要做些什么来帮助众多的教师？”毫无疑问，报纸头条也在支持我们，加利福尼亚州甚至整个美国的教育都陷入了严重的麻烦。我们在教室里能够日复一日地看到这些问题。举个我自己的例子，我一半的学生在写作方面经常痛苦不堪，句子结构不完整，常常句首的第一个字母没有大写，句尾没有用句号。考试成绩显示我的学生的平均水平落后同年级水平两年，25%的学生甚至落后同年级水平四年或以上。我的工作就是教那些几乎不读亚里士多德作品的学生，向他们阐明亚里士多德的形而上学理论。

我和我的同事要开始为教师提供一个名为“教育难管教的孩子”的研讨会。嘣！我们终于找到了打开教育大门的金钥匙！几个月后，研讨会的出席人数从30名飙升到200名。到2004年五月的最后一个周末，我们吸引了500名教育工作者来到加利福尼亚州很小的赫米特市，在此之前我们已经培训了400名教师。

我们认为美国的教育问题不是很差的考试成绩，或者学生间的贫富差距，或者美国孩子除了读手机短信外阅读兴趣不大的事实。教育的问题几乎从来不在媒体上报道或者进行分析研究，教育的真正问题是难管教的孩子在我们的教室里不断增多。我们当然相信教育绝不能让任何一个孩子落后。我们也相信，没有任何一个孩子应该被允许落后于其他孩子。

令人震惊的是，在我们这么多年的会议培训中，我们从来没有见过一个老师在会议上提到，他们的大学学院对他们进行过充分的训练，或者至少教导过他们为应对难管教学生做好准备。新教师进入教室走向教育工作岗位时，他们没有学过能够解决他们主要教学问题的教学技能：如何去教难管教的学生。

令人兴奋的是，你可以抽出时间去浏览《全脑教学：中影响全球300万教师的教学指导书》这本书，它是我们循序渐进的课堂管理指南。我们很高兴看到教师们在5星的好评中给了我们这本教学指导手册4.9星的超高评分，我们这本书成为了亚马逊网站上评分最高的书之一。

到目前为止，我们所讲的课堂游戏能够改善有些叛逆的学生，同时也能传期达很多精彩的指令给你的支持者。

1. 每周计算你的课堂参与平均值。当学生展示了四个好行为时，视情况奖励学生一分、二分、三分。将五分的学生领袖的座位安排在一分学生的旁边，终极目标是为每一个难管教的孩子配备二个学生领袖。教师的两边都放置一分到五分的计分板，至少要确保你心爱的难管教学生时时刻刻受到全脑教学正能量的轰炸。

2. 从第一天开始，使用记分板。停止责骂，并开始计算正面和负面的标记。确保你的孩子们朝着高两个年级的行为前进，让孩子们避免做出低两个年级的行为。信不信由你，如果你将高中二年级的学生误以为是初中二年级学生，他们很容易就会被激怒。学生总是梦想成为高年级的孩子，不能忍受自己被当作比他们年级低的孩子。因此，好好利用你的学生对高年级学生的热切愿望和他们对低年级学生的轻视，使用记分板！在教学的每一个小时里记录10-15个奖励或者惩罚标记。

3. 至少在教学的第二或第三周里，创建一个进步神速组标记板。计分板解决的是整个班级的行为，进步神速组解决的是学生的个人行为。关于进步神速组，我们发现的惟一的困难就是你必须改变你的思维和眼界……找到并奖励学生的进步，而不是学生本身的优秀！关注学生的成长而不是他们本身的能力！在给学生奖励星星的几周后，检查学生进步神速组的表现。排名最高的孩子不应该是你班级里最聪明、最懂礼貌的学生……但一定是进步最大的学生。给你的难管教学生分配在他们的能力范围内能够达到的最简单的任务，设立一些他们能够达到的目标。让难管教学生感受到进步的刺激，让他们在进步神速世界里得到迅速提升。

4. 愉快地练习五个课堂守则和一个钻石守则，一天要练习很多次。对学生领导者的启动规则进行评估。

5. 当课堂守则被学生很好地遵守时，每天可以多补充几次错误方式/正确方式练习。

坚持练习上述方法几周后，继续带领学生进行更多有趣的课堂游戏。

课堂游戏 61

一分钟练习

在进行了很多课堂守则、课堂常规和纠正流程的练习后，依然会有一些孩子毫无进展、不为所动，这种现象很正常。不要责备学生！责备、情绪失控都丝毫不管用，还会让难管教学生经常对你怀有敌意。

努力尝试进行一分钟练习，向学生解释：任何人都需要进步，而进步的惟一可能性就是练习。在比赛的第一个一分钟里，让一位难管教学生怀尔德·杰克站在一旁，你可以对他说：“我没有生气，我只是认为你需要对（插入一个课堂守则）进行练习。”然后，怀尔德·杰克安静地做出与这个课堂守则相应的手势。

在这一分钟的时间里，其他学生则在开心地玩，就像永远也不会结束那样。

如果杰克拒绝了你的要求，你可以这样对他说："好的，你可以按照我的方法练习这个课堂守则一分钟，或者你可以按照你的方法练习两分钟，或者坐在凳子上看其他同学玩，你愿意选择哪一个？"

进行一分钟练习几周后，可以转而进行卡片练习。注意：任何一个新的全脑教学技巧都不可能替代之前的全脑教学策略。到圣诞节的时候，在一个经过良好设计的全脑教学教室里，教师会有一套全面的教学管理工具：学生领导者、计分板、进步神速墙、错误/正确方法练习、一分钟练习、卡片练习等。

对于上述教学工具中的任何一点，如果你想要一个快速的解决方案，请努力尝试课堂游戏91。

课堂游戏
62

监督老师

你可以对学生说："校长要求老师在上课的时候要变得更有礼貌。我真的非常想做个有礼貌的老师。因此，帮帮我吧！当我忘记说'请'时，你们只需要说'啦！啦！啦'，然而，如果我记得说'请'时，你们要鼓励我，并且说'好的'！"然后，按照下面的方法在一天中进行多次练习。

“好的，我们接下来将练习提高我在礼貌方面的技能，约翰，请看着我。”

约翰说：“好的！”

“保利，请坐直了。”

保利说：“好的！”

“迭戈，努力学习。”

迭戈说：“啦！啦！啦！”

“做得好！迭戈，请努力学习。”

迭戈回答：“好的！”

你看到“请——好的啦啦”课堂游戏的强大力量了吗？在你上课的一天当中，你可以假装忘记说“请”，学生会回答：“啦！啦！啦！”你用“请”改正了你的请求后，学生会回答：“好的！”哇喔！在你的生命中，你从来没有得到过任何淘气鬼学生心甘情愿的回答“好的”！

正如所有的全脑教学技巧一样，对这个课堂游戏不断地进行练习和示范。你的礼貌技巧会在练习过程中不断提高，不仅如此，学生口头正面回答“好的”也会越来越多，多得让你震惊！

因此，这里有一个长达一年的课堂管理计划的时间表，这份时间表重点关注的是改善我们课堂中难管教的学生。

- 课堂管理平均值（每周）。
- 计分板（从第一天开始：注意计分板有十多个级别，要将它作为整个学年的课堂游戏)。

• 进步神速组(从开学第三周开始，针对学生个人进步的10个级别，进步神速组和计分板持续的时间是一样的)。

• 课堂守则练习到错误的方法/正确的方法练习(在第三周前开始)。

• 一分钟练习(第八周)。

• 练习卡片(感恩节之后)。

• 帮帮老师(在任何必要的时候)。

我鼓励你增加废话计数器(阻止学生的顶嘴行为)，然后成立课堂管理系统所需要的独立联盟(改革课堂叛乱派)。

每一个课堂教学技巧都会减少难管教学生的数量，最重要的是，支持他们的学生也会变得越来越少。

接下来，带给我们的是简单有力的课堂游戏，这个课堂游戏能够改善难管教学生的行为，这个游戏是靶心游戏。

课堂游戏
63

靶心游戏

难管教的孩子对于处罚和来自同学的压力是免疫的。当你通过以上课堂管理时间表来安排工作，以及当你还有一些坚持者的时候，你要为靶心游戏做好充足的准备。

1. 尽一切努力，与你可爱的难管教学生怀尔德·杰克建立一种谈话的关系。赞美他的鞋子；问询他喜欢的乐队；听他喜欢的歌；在进行下一个步骤之前坚持在“谈话”这个阶段练习几个星期。

2. 在房间前面张贴一个巨大的数字靶心。

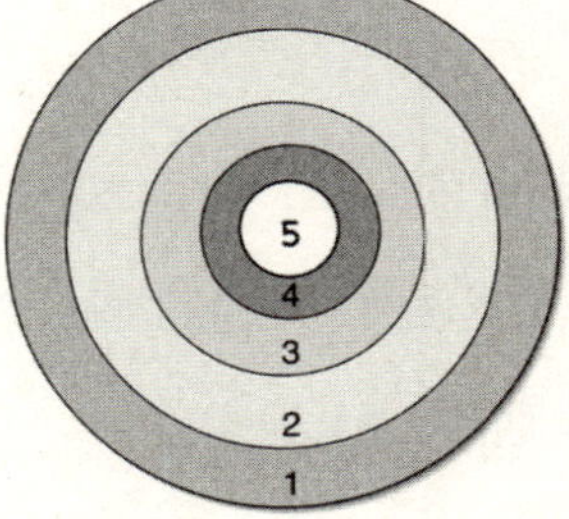

3. 让杰克站在旁边，并告诉他：靶心是你和他要玩的游戏的一部分。

4. 向学生解释：靶心上的数字代表他们的行为。5代表他们最好的行为，1代表最坏的行为。讨论并示范每一个例子。当你用怀尔德·杰克最坏的行为和他进行角色扮演时，他会感到特别开心。

5. 告诉你的难管教学生，在一天快结束的时候，他们要记下他们认为自己能赢得的分数，你也记下你认为他们能得到的分数。如果两个的分数差不多，那么杰克可以得两分，如果两个分数中差了一分，那么杰克只能得一分。否则，他什么也得不到。举个例子，杰克过了糟糕的一天，他和劳伦德在地板上打了一架。他给了自己一分，你也给了他一分，最终结果是杰克今天得了二分！（为什么会这样？这种情况在他的人生中可能是第一次发生。杰克承认了他的行为很糟糕……这种敢于承认的勇气，对于成年人来说，都是很罕见的，更何况是孩子！）

6. 告诉杰克，当他赢得25分时，你会给他一个奖励，一个你在班级里给出的奖励中最特别的奖励。购买奖品的惟一原则是不能超过5美金。

7. 在每一天快要结束的时候，对比杰克的分数。当你给杰克一分时，你可以问他："家里发生什么事了吗？"这将有助于打开你和难管教学生之间继续沟通的大门。

就像你所看到的那样，这个游戏中最有力量和最具价值的地方就在于杰克因他的担当、勇于负责、懂得从别人的角度来看待这个世界而备受鼓舞。在杰克最糟糕的一天，因为你对他消极行为的正面看法，他依然能会一个获胜者一样回到家。

在这个游戏中，惟一能被难管教学生欺骗的途径就是当他们认为他们会表现得非常糟糕时，如果他们坦白地承认自己很糟糕，他们依然可以轻而易举地获得分数。当你看到这种情况时，你可以这样说："我们要将靶心范围缩窄到5-2，从这个范围往前看，如果我认为你的行为只值得给你一分，你就不能得分。"

在美国难管教学生中实行全脑教学的15年中，教师们曾报道过让人不可思议的成功。日复一日，喜欢挑衅的学生会以非常惊人的速度转变为可爱的学生。

课堂游戏 64

脏话粉碎机

让人悲伤的是，越来越多的教师告诉我，他们需要一个回应脏话的方法。你可以试试这个方法：选择一个最优秀的、最支持你的学生，然后跟全班学生说："如果我听到了针对我或者其他任何人的脏话，我将确切地向你们展示接下来会发生什么事情。首先，你们要明白，是我，而不是你们对脏话的内容有审判权。即便只是轻声的抱怨。好了，坦亚（你最优秀的学生之一），我一会儿会说'请努力学习'，你要这样回答'我讨厌你'。"

教师：请努力学习！

坦亚：我讨厌你。

教师：（假装沉默地在填写一张办公室转送单。）

接下来，你可以这样说："好了，这就是你们骂脏话后会产生的后果，我不会说一个字，而你会收到一张办公室转送单[①]。现在，来演示一下，如果你不接受转送单，会产生什么样的后果。坦亚，请

① 办公室转送单：将学生的不良行为记录在案是学校惩罚学生的一种方式，然后交给坦亚，这样做的关键是强调你会对他们的不良行为进行即时和无声的回应。

扮演你的角色。”

教师：请努力学习。

坦亚：我讨厌你。

教师：（假装沉默地在填写一张办公室转送单，然后交给坦亚。坦亚拒绝接受转送单。）

坦亚：我不会接受这份转送单的。

教师：（沉默地假装通知学校保安。）

作为教师，你可以说：“如果我听到你讲脏话，我会给你一张办公室转送单。这是你讲脏话后必须面对的不愉快后果的第一步。如果你拒绝接受办公室转送单，我会叫学校保安。这将导致更长且更不愉快的经历。不论发生什么情况，我将不会对你说一个字，但是你会看到我失望的表情。”

备注：在说这些话之前，要提前和保安以及教务处进行沟通，确保他们支持你的决定。

读到这里，你可能很想知道剩下的内容。下面我们来介绍一些大一点的不能单纯地融入到哪个类别的游戏，是时候尝尝有趣的教学工厂自助餐啦。

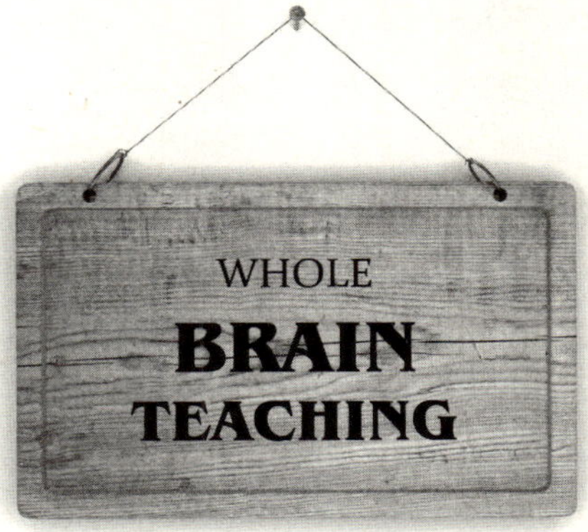

9

第九章

创意课堂游戏

如果你想造一艘船，先不要雇人去收集木头，也不要给他们分配任何任务，而是激发他们对海洋的渴望。

——安托万·德·圣埃克苏佩里

课堂游戏
65

大便头

课间休息时，一个学生跑过来对你说“老师，杰克叫我大便头”或其他一些可笑的名字。你对他说：“你是大便头吗？”学生说：“不是。”你接着说：“那么，不要担心。”在这天傍晚时候，你再去跟杰克谈。

我有一种感觉，那就是我们让学生变得太脆弱，太容易生气或者太喜欢闲谈。如果发生欺凌现象，当然需要绝对制止。但是学生需要能够自己坚强地摆脱别人对他们自尊的伤害。

课堂游戏
66

荒谬的选择

《爱与逻辑》的作者吉姆·费伊和福斯特·克莱因表明，当一个孩子来找你投诉，教师帮助学生构建成熟与自立的最好策略就是对他说："你应该做什么呢？"

通常孩子是毫无头绪的。你可以回应他："你想让我推荐一些建议选项吗？"如果孩子同意，教师可以提出一些荒谬的选择。经过几分钟的思考后，学生通常能够找到一个合理的解决方案。例如，玛利亚跑到你面前，向你抱怨提托把她推出了绳球线。作为一个教育者，你的目标不是成为一个问题解决者，而是成为一个提高学生问题解决能力的培养者。

你可以给玛利亚这样的建议："我们应该告诉提托，只要他还活着，他就永远不能再玩绳球或其他任何游戏吗？"

"不。"

"那我们把所有的绳球都砸了，怎么样？"

"不。"

"那我们在一个星期内取消课间休息，怎么样？"

"不。"

这个方法的神奇之处在于让孩子们在荒谬的选择之间徘徊，他们通常自己就能找到理性的解决方案。

课堂游戏
67

有趣的魔笛手

你可以学会吹口哨。用口哨来代替“上课”。当你吹口哨的时候，要教导你的孩子们回应：“是！”你还可以要求学生连着回应：“是！是！”经过一段时间的练习后，你也可以把吹口哨变成多变的吹笛子。最重要的是，你的口哨还可以换成胜利的号角。你知道吗，有才华的号手吹出的号声能让棒球比赛和每个比赛参与者都情不自禁地呼喊：“加油！”你可以用同样的口哨版本来为这个激动人心的行动呼喊。

当你吹响防守号角时，你的孩子大声呼喊“加油”，并立即增大当前行动的速度和强度。

教师：“把课桌清理干净，嘟——嘟——嘟！”学生：“加油！”

教师：“与邻座总结一整天的课程，嘟——嘟——嘟！”学生：“加油！”

教师：“打起精神，嘟——嘟——嘟！”学生：“加油！”

这是一个秘密。全脑教学的目标是把你变成一个有趣的魔笛声，一个孩子们会情不自禁地跟在后面的甜蜜的嘟嘟声，他们跟着魔笛声穿越干旱的家庭作业荒漠，越过分数的高山，越过考试准备的鸿沟。

大脑的真相：

大脑最不可靠的记忆是通过听觉皮层获得的。对于大脑学习来说，听讲座是最糟糕的方法。你坐在大学教室里听了不下100个小时的讲座，你能记住的却特别少，考虑到你大脑的工作方式，请不要惊讶。就像我们在全脑教学里所说的那样，教师说的时间越长，学生学到的东西就越少。

课堂游戏 68

手指玩偶

当学生得知他们可以将手指当成玩偶时，你的学生将会非常高兴。将两个手指在空中转圈，然后在一堆书旁边上下移动，接着用手指划过地图。用两个手指玩偶向你的学生展示奇妙的冒险经历。首先，告诉你的学生在课桌世界里使用他们的新玩具，以重新追踪故事中的情节。其他的“两个手指玩偶”游戏内容包括：同步手指动作来学习加减法，比如，你可以说：“在你的桌子上选定一个点，向前走五步，再退三步，你离选定的那个点还差点多少步？”手指玩偶游戏可以根据课堂实际情况进行变化，教师只需要保持游戏的趣味性即可。

课堂游戏
69

课桌世界

桌面可以成为世界上的任何一个地方。给你的学生显示一张马可·波罗的中国之旅地图。指出他旅行中的关键位置。然后，让学生在课桌世界跟踪这些地方，同时讲述伟大探险家的冒险。或者，在一堂科学课之后，让学生在课桌世界上画一个看不见的人体循环系统图。通过主要动脉，从心脏跟踪血液流量，一直到腿部毛细血管（课桌世界的底部）。

课堂游戏
70

手臂世界

一只手臂水平伸出的话，可以代表任何时间长度。指尖代表一个时间段的开始，肩膀代表一个时间段的结束。例如，学生可以通过利用他们手臂的位置，复述一个故事，从开始（指尖）到结束（肩膀）。或者，手臂世界可以代表科学实验步骤。首先戴上你的护目镜（指尖）。然后，打开你的实验室手册到42页（手掌）。接下来，小心地点燃煤气灯（手指慢慢滑到肘部）……如此等等。

冰河时期可以从左手开始。头顶是文艺复兴时期。直到落到右手手指的指尖上……这个时候就代表人类已经发明了视频游戏。

课堂游戏
71

悬崖蹦极跳

在写三重句中，最困难和最关键的任务就是找到三个强有力的证据来支持最初的句子。这里有两个最常见的学生错误的例子：

我爱全脑教学，因为它是有趣的，令人愉快的以及免费的。问题是“有趣”和“令人愉快”是重叠的。因此，这两部分不可能扩展到一篇文章中的两个不同的段落。

我爱全脑教学，因为它是有趣的，免费的以及被世界各地的每一个人使用的。现在，我们有三个不会重叠的原因……但不幸的是，第三个证据是虚假的。因此，它也不能发展成一篇文章的一个段落。

当学生构建三重句时，最频繁犯的错误就是重叠的论据，如上面我们所阐述的第一种情况；或者不支持初始语句的证据，如上面所阐述的第二种情况。使用你的电脑投影仪或者白板，向你的学生展示他们正确和不正确的三重句清单。慢慢地读出来。孩子们伸出一只手臂，就像两个手指玩偶那样“站”在另一只手的背面。当你读到不正确的句子时，每个人的手指玩偶都像蹦极一样蹦到空中，同时嘴里唱着“唉”，然后，因为有弹性很强的蹦极绳，手指玩偶一次又一次地弹回到手背上。蹦极跳象征着一种“跳离话题”的三重句。这种弹回对学生来说是一次纠正的机会。一旦学生理解了问题产生的根源后，要求他们构造和分享自己创造的正确和不正确的三重句。

课堂游戏
72

铅笔机器人

一支铅笔可以变成一切。看，我的铅笔是光线，从月球到地球的速度只要1.3 秒。天啊，我的铅笔是尼罗河，它是非洲最长的河流。黑板擦是坦噶尼喀湖上尼罗河的源头，最关键的是，它流经过亚历山大，进入地中海。现在我的铅笔是一条倾斜的线。你还记得上周我们如何计算各种直线的斜率吗？用你的铅笔机器人向你的邻座解释这个公式。当然，铅笔机器人只能用橡皮擦激活一次，并且嘴里可以窃窃私语地念着学生自己发明的神奇咒语。

课堂游戏
73

砰砰砰提示声

有时你需要班级的学生从投影或者幻灯片上读取信息。如果你想要确保每一个学生注意力都在正确的地方，那么告诉你的学生："在你阅读的时候，请在白板上晃动你的食指，并发出砰砰砰的提示声，以便我知道你们真的在课上集中注意力了。"当你看到孩子们没有发出砰砰砰提示的时候，向他们走过去，小声说："谢谢你展示了砰砰砰提示的错误方法。现在，向我展示一下正确的砰砰砰提示。"

课堂游戏
74

重击关键点

如果你让你的孩子阅读讲义或书籍上的关键信息，你猜猜接下来会发生什么？一些难管教学生可能不会听从你的指令！为了让阅读更有趣，也为了更吸引学生，你可以让你的学生在纸上重击关键点。使用你的想象力，示范令人惊叹的高两级的重击声和令人沮丧的低两级的重击声。嘿，我的朋友！让我们像大孩子一样重击关键点吧！

课堂游戏
75

指尖游戏

当你想集中学生注意力时，你对学生说："上课！"你的学生会回答："是！"然后并拢他们的手，用食指指尖指向你所在的方向。正如你在游戏中所看到的那样，学生通常会被深深吸引。无论你走到哪里，他们都要伸长食指向你。（为了让指尖游戏更好玩一些，你可以并拢你的双手；然后，伸长你的食指，这样就可以确保你的食指指尖可以进行触碰运动。）假装你是学生，你的食指从一边移到另一边，完美地指示了四处走动的老师的位置。

课堂游戏
76

一步一步来

每个年级都有很多我们希望学生遵循步骤进行学习的课程。写作、数学、科学实验、艺术活动都涉及多个阶段。在教室里设置一排空椅子、桌子，在地板上摆放书籍以及任何可移动的物品。站在第一件物品后面，然后说："第一个步骤将是……"然后，移到第二件物品后面，说："第二个步骤将是……"诸如此类。如果一个阶段比另一个阶段更重要，你可以说："请注意，我将（把椅子翻倒……打开书……诸如此类）。这意味着你必须在第四步小心谨慎，因为……"在你解释完一些步骤之后，让孩子们像你说的那样去相互教彼此。在教室里四处走动，检查学生的理解是否正确，然后恰当地回顾之前的步骤或者描述新的步骤。

课堂游戏 77

教室指南针

教复杂地理课的最生动的教学方式就是在巨大的纸上画一个指南针，指南针的四边标注北、南、东和西。把指南针放在教室中央的地板上。如果你正在教一堂关于美国历史的课，那么你的学生们就会被分成四个地区的人：北方人、南方人、东方人和西方人。相互之间谈论各种各样的迁徙、重要事件、美国不同地区的利益。或者，如果这是一堂关于国家历史的课，用四个地区来讨论自然资源、历史事件、重要的城市……以及任何你的课堂所要求掌握的知识。或者，把教室的各个区域和地图投影连接起来。"胡安，还有角落里的其他孩子都是东北人；桑迪和她排在一行的学生在东海岸；在这里，我站着的地方是新奥尔良市……"指出在我们教室里的每一个地方，并说出邻座所在的地图位置。

最好的方法是让学生把学校的位置标记在国家地图或者地区地图上。描述周围发生事件的地点。把你的班级带到外面，手里拿着地图。

看！有人在操场上用粉笔画了一个指南针！

让你的孩子谈论：如果他们在指南针的四个不同位置，那么从他们当前位置出发去旅行，他们将会看到什么。

课堂游戏 78

讲笑话比赛

当记分板进行调整的时候，告诉你的学生，只要他们最终在计分板上的积极标记比消极标记多于三次时，告诉他们第二天来教室的时候就要准备好几个简短的、老掉牙的笑话，这些笑话可以是从网上抄来的……也可以是从古怪的老爷爷那里听到的。不要让班上的学生连续赢好几天。接着，在下课之前，选择几个孩子讲这些笑话，事实上每一个学生都想被选中。如果你启动了大笑机器，那将会变得更加有趣。

课堂游戏
79

大笑机器

当课堂开始拖沓时，在当天晚些时候可以让学生开启大笑机器。就好像有一个把手从他们的头上伸出来，你的学生在空中转动把手，让他们的大笑机器运转起来。当你抬起你的手，像地球上最滑稽的小丑那样做鬼脸时，孩子们会放声大笑。当你把手放下的时候，他们会立即停止。多花点时间进行“大笑机器”游戏练习。然后，开始上课。“现在，我们要复习三个句型。这将会是非常有趣的（大笑机器开……大笑机器关）！你永远都无法猜到，但是我们学过的所有岩石都是非常坚硬的（大笑机器开……大笑机器关）。记住火山岩来自火山。在过去，火山喷发熔岩（大笑机器开……大笑机器关）。他们还在笑（大笑机器开……大笑机器关）。”如此类推。

最好的选择是在下课前激活大笑机器。你的学生假装大笑，因为最后所有的假笑都会变成真正的笑声。如果你是一个严肃的老师，大笑机器的效果会最佳。如果那些老掉牙的笑话不是很自然，那是你琢磨时间还不够长。加油吧，当学生听到你的笑话就笑的东倒西歪，你就成功了。

课堂游戏
80

动物趣味按钮

在黑板上画一个大大的红色圆圈；这是一个古怪的动物趣味按钮。每当手指将按钮“按下去”时，孩子们就会发出古怪的动物声音，直到手指将按钮“松开”。

然后，你的学生马上安静下来。练习几次后，对学生说：“如果我们努力练习，在课间休息之前，只要谁做得最好，谁就可以按这个古怪的动物趣味按钮！”孩子们都喜欢控制别的孩子。尤其是难管教的孩子都特别喜欢成为游戏的掌控者。

课堂游戏
81

叛逆者游戏

在教师培训会议上，经常有人问我们对于那些不配合全脑教学技巧的孩子应该怎么办。我们的建议是玩“领导者的关注焦点”游戏，无论如何，你都希望，在课堂上排练全脑教学策略：集中注意力，镜像词语，让学生当老师或者五个课堂守则中的某一个守则。要求几个你班级里的学生领导者站起来，中间混入一个叛逆者萨西。当然，你不要指出谁是谁。

你可以对学生说："我感兴趣的是，作为课堂领导，这个小组将如何做。"然后，让这个小组演示一个全脑教学技巧的错误方法。毫无疑问，萨西肯定在演示错误的方法！接下来，站在她的旁边；让班级的领导小组演示正确的全脑教学方法。只有几个学生站在那里，你的叛逆者几乎无处可躲。即使萨西没有参与，她的大脑也在模仿她周围的行为。让全脑教学的正能量包围萨西，相信我们，萨西一定会成为一名积极的学生。

课堂游戏
82

计分板骰子

当学生在一年中有了很大的进步，而且在计分板上提升了很多级之后，就可以把骰子和随机选择机会融入到计分板游戏中了，随时可能产生的惊喜和不确定性会大大提高学生的热情。在一天快结束的时候，当笑脸超过苦脸时，可以玩掷骰子游戏。如果在学习比赛的时候是男孩组对女孩组，而且两组都是以正分多于负分完成任务，那么就可以通过掷骰子来进行奖励。以下是我们建议的关于掷骰子奖金的一览表：

- 骰子滚到2：没有奖励！

- 骰子滚到3 – 6：每个人都赢得一分钟的休息时间。
- 骰子滚到7 – 10：每个人都赢得5分钟的自由阅读时间。
- 骰子滚到11–1：每个人都赢得少做一页家庭作业的机会。

课堂游戏
83

大脑游戏

教你的孩子们使用下面的手势：

- 前额叶皮层控制你的理性（轻拍你的额头中央）。
- 运动皮层控制运动（轻拍你的头顶）。
- 视觉皮层控制视觉（轻拍你的后脑勺）。
- 听觉皮层控制口语和听力（轻拍你的头部的左侧）。
- 边缘系统控制记忆创建和情绪（用每只手的手指指向你的头部的左边和右边，以此指示大脑深处的某个区域……边缘系统所处的位置）。

跟学生解释，讲座是一种微型大脑学习，只能激活听觉皮层的一部分，这就是为什么讲座听上去那么无聊的真正原因。接着，你可以向学生解释为什么在全脑教学培训中，我们使用很多手势、视觉线索、口语、听力以及情感激活。这是全脑学习。当整个大脑都参与到一堂课中时，学生是不可能感到无聊的，因为学生已经没有多余的精神领域空出来让他们去思考与课堂无关的问题了。

在上课期间，使用这样的镜像词语："运动皮质激活！我想要看到大幅度的运动皮层手势……视觉皮层激活……所有的目光都注视在我身上！……听觉皮层激活！……倾听并复述这堂课的知识点……前额叶皮层激活！和你的邻座开始计划如何解决这些数学问题！……边缘系统激活！加快这些记忆创建手势和情绪！"

课堂游戏
84

胜利的姿势

令人惊讶的是，诸多研究表明，当我们假装做出一个胜利的姿势，例如手臂在空中挥舞，当我们保持一个胜利姿势两分钟，我们的大脑就会产生更多的多巴胺（一种能够激发快乐的化学物质）和更少的皮质醇（一种与抑郁症有关的神经递质）。你的肢体语言会改变你的神经递质！

当几个学生在学业或社会技能方面表现出显著的进步时，请每一个进步者都站起来，模拟一个学生（或你）所选择的胜利的姿势。让自发的欢呼声爆发出来。还可以额外地增加课堂活动，播放岩石乐队的主题音乐或者播放"我们是冠军"等主题音乐。让课堂充满快乐的孩子。庆祝不要超过10-15秒，不要允许你的学生过度欢乐。

注意：有一个非常棒的YouTube视频，视频里有一群士兵在嘲笑非洲黑猩猩。黑猩猩拿起一支步枪，士兵们笑得更厉害了，紧接着，他们意识到自己的行为非常危险，于是赶紧停止。黑猩猩开始射击。士兵们跳进灌木丛中。这只黑猩猩接着做了什么呢？丢掉步枪。上下跳跃。将它毛茸茸的手臂向上举起，你猜对了，黑猩猩做了一个胜利的姿势！人类输了！猩猩赢了！耶！

课堂游戏 85

思想者盟友

请扪心自问一下：你的孩子需要批判性思维来学习数学、文学、写作、社会研究、历史吗？为什么要分析？如何分析？你的孩子们会喜欢将活泼的思想巨人卡通人物作为富有洞察力的盟友吗？他们愿意和盟友一起在完成任务时进行仔细思考吗？柏菲·波鲁波德会引导孩子创造伟大的问题；斯玛特·沃德贝克会给孩子们提供令人惊讶的答案；比格·迪力，这样一个聪明的家伙，总是想要知道更多的细节；迪力会和谁一起对问题进行深刻的分析？这些分析是什么？在哪些方面进行分析？什么时候进行分析？你可以利用巨人来帮助你的学生提出更有深度的问题，用例子来支持概念，用引语来回答问题，最重要的是你要教学生将深入思考作为一种习惯坚持下来。

课堂游戏
86

伪装膏

伪装的力量就是当你把伪装膏抹在皮肤上的任何地方时，你就能成为任何你想成为的样子。伪装膏可以把一个班级变成北极熊来探索他们的北极栖息地。或者，伪装膏可以把配对的学生变成数字和分母。扮成分子的学生描述成为一个分子意味着什么，扮成分母的学生描述成为一个分母意味着什么。当然，他们会争论在一个分数里，谁是最重要的人。整个班级都可以抹上伪装膏，成为纳瓦霍人（美国最大的印第安部落）或者他们最喜欢的故事里的角色，甚至可以神奇地把自己变成大学教授，非同寻常地演示进餐礼仪。

课堂游戏
87

神奇眼镜

在全脑教学中，我们坚信每一堂课的最高目标就是让学生展示他们所学的东西。教育的神奇之处在于它的独特性。分数的神奇之处与字母表的神奇之处完全不同。因此，我们不能给你一个统一的方法来解决所有的教学问题。这里有四个例子。（你可能会不同意，而且你也有自己独特的神奇之处。)

• 数字的神奇之处在于它们数量很少，而且只有10个数字符号，0-9，却可以创建无数的组合。这些符号可以代表比原子还小的数字，或者代表比星系还大的数字。在海底，海洋的深度可以用数字来表示。小虫子的鼻子的长度可以用数字来表示。小猫一小块皮肤上头发的数量也可以表示为一个数字。教学生神奇的数字，并告诉学生惊人数字的背后的事实，就像告诉孩子们猫的一小块皮肤上面有那么多的毛发一样，让你的孩子惊讶不已。

• 蓝色的神奇之处在于许多不同的事物都可以是蓝色的：天空、圣诞装饰、湖泊、冻僵的鼻子和蓝莓。教学生颜色的神奇之处的一个关键就是鼓励孩子们要说出许多不同种类且有着自然颜色的东西，以及那些很少见甚至也许从来没有过的颜色。事实上，有很多东西是蓝色的，也有很多东西不是蓝色的。

• 无穷大的神奇之处是它是少数几个我们可以谈论却永远无法理解的概念之一。我们可以谈一谈铁轨的无限延伸，但我们无法理解这意味着什么。我们可以预想“结束”却无法预想“永不结束”。

• 谈话的神奇之处在于你在还没有思考如何交谈的情况下就已经学会了交谈。一旦你能说话了，如果你一直想着你如何利用嘴巴和舌头说出所有的话，你就学不会说话了！当你试图描述你如何利用嘴巴和舌头交谈时，你根本无法准确地描述出来你要表达的意思。说话是我们可以轻易做到的事，但我们无法准确描述我们是如何做到的！

为了让神奇的教学更有吸引力，告诉你的学生戴上他们定制的神奇眼镜。有了这副特别的眼镜，无论何时想要探寻事物的神奇之处，你的孩子们总能如愿以偿，而且，更有意义的是，学生开始主动寻找他们自身的神奇之处。

课堂游戏
88

张贴海报

我提到过很多次：在全脑教学里，我们惟一的目标就是奖励学生的进步。我们可以称赞学生的努力学习，但我们要为学生的进步保留最高的赞美。我们要为一个学生的好表现而给学生奖赏，但更要为学生更好的表现而给学生更好的奖赏。我们想要创造一种积极向上的学习环境，这种学习环境可以鼓励学生努力打破个人纪录，更上一层楼。下面是一些可以在房间里张贴的进步标语，但不要一下子就把它们全都张贴出来。要给学生制造悬念，先把海报背对着学生贴在墙上，然后当学生表现出色可以得到奖励时，再把海报翻过来，将海报面对学生。

- 梦想更大。
- 更加努力学习，更好的表现。

- 想要一个笑脸？那就做出可以得到笑脸的行为。
- 打破、打破、彻底打破今天的个人纪录。（拿出这个标志的时候，孩子们也许会问：“什么是个人纪录？”你回答：“这里所讲的个人纪录就是你今天可以打破、打破、彻底打破的个人纪录。”）
- 令人惊讶的进步。
- 一个人的胜利。所有人的巨大胜利。（你可以跟学生解释，当一个学生取得进步时，班级每一个学生都可以获得奖赏，因为班级里的每一个人都在努力创造一个积极、努力的学习氛围。）
- 学习是一项团队运动。
- 激励每一个人。
- 你有进步吗？证明它！

课堂游戏 89

坚毅之星

假设你是一个喜欢教育实验的知识渊博且经验丰富的科学家。你创建了一个有1000个孩子的学校。这些学生分成了三个群体：不是很聪明的，也没有足够毅力的富有孩子；不是很富有的，也没有足够毅力的聪明孩子；不是很富有，或者不是很聪明的坚毅的孩子。你评估一下，十年之后，哪些孩子会在他们的生命历程中获得成功。

哪一个群体的学生的抑郁率最低，离婚率最低，并能获得薪水最高的工作，达到最好的健康水平？最近的研究表明，坚毅是对学生成人后的最佳预测。

美国公共广播电台、心理科学协会、宾夕法尼亚大学学院或艺术科学协会以及TED演讲都认为：坚毅的孩子更容易赢得人生的比赛。那么，我们如何让孩子们拥有坚毅这种优良品质呢？

给坚毅特别的奖励——在进步神速组里奖励黄金星。

在这些奖励星的中心留一个空白的地方，你可以在空白的地方写上2、3、4或5。

奖励坚毅的黄金星是你教室里最高级别的待遇。因为它可以与普通进步神速星的2-5级中的任意一级价值对等。孩子们如果在毅力、决心和坚持方面有一点小小的进步，学生就会得到两分的坚毅星。如果在毅力方面有惊人的进步……哇！那将得到一颗五分的坚毅星。我们将在任何一个孩子们容易轻言放弃的课堂活动中奖励孩子们坚毅星。

课堂游戏

90

讲述细节

作为教师，我们总是希望孩子们说得更多、提供更多的信息、补充更多深思熟虑的细节。在学生的作文中，我写的最多的标语就是“请写得更多一点”！

当一个学生在课堂上回答问题时，你可以转动你的食指，指向其他学生，说：“请告诉我更多！”其他的学生都将模仿你的手势，并重复你的话。

当一个学生使用下列动动脑游戏中的词汇：因为、例如、同样、假设，或者当学生创建动动脑游戏中的明喻、暗喻、比较或对比时，都可以要求学生讲出更多细节！当学生讲出更多细节时，他们就参与了一个重要的、批判性思维的任务：将简单句扩展为复杂，多元的深刻见解。

当学生坚持讲出细节，并渐渐从说句子到说段落时，他们正在进行一个最具影响力的跨越式发展。在进步神速墙上，奖励学生一颗坚毅星，甚至可以奖励一个价值5分的坚毅星。

你是否感觉我在本书的最后保留了最好的游戏：成长型语言和大脑树？是的，你猜对了。请继续读下去。

课堂游戏 91

成长型语言

作为老师和家长，我们当然想提高学生的自尊，然而，斯坦福大学的卡罗尔·德韦克和其他人最近的研究表明，增加学生的自尊往往并不能提高学业成绩。如果我们总说："你很棒……很美好……很奇妙……很令人难以置信……"学生反而经常没有理由去增加自己的学习量；他们常常有意避免学业上的挑战，因为这可能会显得他们总犯错误，反而使他们变得不那么"伟大"了。德韦克将一个固定型思维的课堂（因为学生能力而奖赏他们）与成长型思维的课堂（因为学生的进步、努力、坚毅而奖赏他们）进行了分析。在全脑教学中，我们使用了成长型语言，我们希望孩子们了解他们的大脑在成长，智力也没有被限制，通过努力，能力是可以提高的。因此，在让学生当老师的教学法中，我们强调"用更大的手势、更多的能量锻炼你的大脑"！在记分牌上，我们不断地指出，学生应该把高于他们本身两级的水平作为他们的进步目标。在学生对五项课堂守则作出回应时，我们奖赏他们在速度和能量上的进步，进步神速组明确地奖励学生的进步而不是学生的能力。

大脑和成长型语言：对学生来说，教他们意识自己的大脑能通过努力锻炼得非常强大，这是最有意义的事情。德韦克的研究表明，固定型思维的学生，即使是最优秀的孩子，他们的学习能力也会下降，因为他们在克服挑战方面没有对自己进行投资。成长型思维的学生渴望新的任务，享受努力，看得见自己在不断进步的道路上驰骋。这正是我们想要的！

为什么我们要使用成长型语言？

• 相信自己能力的学生总是习惯性地逃避挑战，并且表现出“习得性无助”。

• 具有成长型思维的学生懂得他们大脑的本质，大脑就像“肌肉”一样，可以通过挑战性练习得到增强。

这样做

经常强调努力和进步，而不是强调本身具备的能力，会让生活变得成功，用体育、影视、商业领域的成功人士和你自己的个人经历作为给学生分享的案例。表扬努力，比如“你真的很努力”、“文章的这部分表现出了最细腻的聚焦点”、“我看到你把所有的东西都融入了这幅画中”、“看看你在数学上学到了多少知识……就这样保持进步”、“你的领导能力正在不断提升”、“你用了更多的精力教导你的邻座”等。

贴一些成长的格言（如果能做成教室横幅就太棒了）：

• 我们知道的越多，我们的大脑就会长得越快。

• 困难的课程就是绝妙的大脑糖果。

• 我们可以打破我们设定的任何纪录。

• 优秀是没有捷径的。

• 越努力，越成功。

• 每一片森林都能长出更多的树，每棵树都能长出更多的叶子，我们就是这些树的森林。

• 将“不行”这个词做一个大大的符号，用一个圆圈圈起来，再在“不行”上画一条红色的线，表示我们从来不说“不行”。“踢倒‘不行’！”“懂得成长！”

种植番薯

孩子们需要一个看得见的成长案例，把番薯放在教室里的广口瓶水中，瓶里装满水。鼓励学生讨论哪些植物会生长得最快，以及通过番薯的生长引导学生了解大脑是如何生长的。

不要这样做：

表扬能力，你不可以这样说：“你真的很聪明……很机智……很机灵……很有天赋。”

课堂游戏 92

大脑树

下面是一些我们已经讨论的关键策略：集中注意力、五大课堂守则、手眼结合法、镜像模拟法、让学生当老师、变换法、计分板、进步神速组以及我们刚刚说到的成长型语言。这些教学策略应该如何实施？我们的其他趣味性教学活动应该如何实施？像全脑教学中的其他事情一样，将实施措施变成一种游戏。然后决定你想从哪一个策略开始以及你想开始实施哪些策略。每一周增加一项新教学策略。每一个星期结束后，给你的孩子分配一个分数范围1–3分（点），评估在实施每一个策略时，班级（老师和学生）的成长情况。为了提高学生的参与度，在教室的门上贴上你的大脑树。更好的做法是，在你的门上画一棵只有枝条的大树。当增加一个新得分或减少一个得分时，就在树上加上或者剪掉一片叶子。让其他学生和老师对你的学生的成绩感到惊讶，并把其他班级的成长与你的班级进行对比。

注意：填写左下角开始的网格表，一周接着一周地填写，网格就变成了一个“成长型”条形图。

大脑树								
样本	第1周	第2周	第3周	第4周	第5周	第6周	第7周	第8周
成长型语言								
进步神速组								
计分板								
变换法								
让学生当老师								
五大课堂守则								
镜像模拟法								
手眼结合法								
集中注意力								
总分								

1片树叶＝1分

2片树叶＝2分

3片树叶＝3分

（看下面的大脑树网格表样本，从网格表的底部向顶部填充树叶，因此网格表显示的是向上生长。）

大脑树								
样本	第1周	第2周	第3周	第4周	第5周	第6周	第7周	第8周
成长型语言								
进步神速组								
计分板								
变换法						3		
让学生当老师					2	2	3	
五大课堂守则					1	1	2	
镜像模拟法			1	3	3	2	3	
手眼结合法	2	3	3	3	3	2	2	
集中注意力	1	3	3	3	3	1	3	
总分	3	6	7	9	12	11	13	

这是第一个为期7周的大脑树游戏样本。请注意，在游戏中引入的任何教学策略都可以得到很好的维持。游戏指导者可以决定何时实施新的教学策略。总的来说，以上的策略是从最容易到最难，但是任何顺序都可以由游戏指导者选择。第6周是一个关键时期，在好几个教学策略上分数都是下降的。因此，教师决定在第7周就不再增加新的教学策略了，而且连第6周引入的变换法也延迟不使用了。

大脑树得分

每一个星期结束的时候，你的班级会因为你决定实施的每个教学策略平均奖1－3片树叶。下面给出了低分（1）和高分（3）的一个奖励说明。要鼓励学生讨论“中间”分数。为了提高分数，经常（有必要每天五次）排练低分表现和高分表现。“给我展示集中注意力一分的表现。”“太好了！现在给我展示集中注意力三分的表现。”排练不需要超过一分钟。对于大脑的生长来说，排练的高频率比长时间的排练更重要。挑选你最喜欢的任意一个策略开始实施吧。在需要的时候添加其他的教学策略。以下九种教学技巧构成了坚实的教学基础。

集中注意力

1片树叶＝学生很少快速回答“到”，或者很少做到双手合拢。

3片树叶＝几乎所有的学生都能迅速回答“到”，并做到双手合拢。

手眼结合法

1片树叶＝学生很少快速回答“手眼结合”，或者很少做到双手合拢。

3片树叶＝几乎所有的学生都能迅速回答“手眼结合”，并做到双手合拢。

镜像模拟法

1片树叶＝学生很少模拟教师的手势和话语。

3片树叶＝几乎所有的学生都能模拟教师的手势和话语。

五大课堂守则

1片树叶＝当一个课堂守则被大声喊出时，很少有学生能快速回答“快速听从指令”或者示范该课堂守则的手势。

3片树叶＝在喊出课堂守则数字时，几乎所有的学生都能迅速回答数字对应的课堂守则内容，并做出相应的手势。

让学生当老师

1片树叶＝教师的上课时间太长、内容太多，导致学生很难向其他同学复述。当学生教授邻座老师刚刚讲解的知识点时，很少有学生能够完整地完成一个轮回或者使用正确的手势。

3片树叶＝教师的一个讲解很少超过2-4句话。几乎所有的学生在教授邻座知识点时都能够完整地完成一个轮回或者使用正确的手势。

变换法

1片树叶＝少量学生能精力充沛地回应教师的变换要求。

3片树叶＝所有学生都能精力充沛地回应教师的变换要求。

计分板

1片树叶＝在每小时的教学期间，老师给学生的分数，正分加上负分后的总分数小于5分。一小部分学生能很快用大声的“噢耶”或“呃呜”的呻吟声来进行回应。

3片树叶＝在每小时的教学期间，老师给学生的分数，正分加上负分后的总分数最少是15分。几乎所有的学生能很快用大声的“噢耶”或“呃呜”的呻吟声来进行回应。

进步神速者

1片树叶＝教师很少谈及或者认可学生的进步。每天只奖励一或两颗进步星。对于提升进步神速组的级别，学生表现出极少的热情。

3片树叶 = 教师经常谈及或者认可学生的进步。每天奖励四颗进步星或者更多进步星。对于提升进步神速组的级别，学生表现出极大的热情。

成长型语言

1片树叶 = 教师很少谈及大脑成长或者认可学生的进步。学生更多的是因为自身能力和好的表现获得奖励，而不是因为通过自身努力有所进步而获得奖励。

3片树叶 = 教师经常谈及大脑成长或者认可学生的进步，特别认可学生的努力。

正如你所知道的，大脑树能解决很多教学问题 。下面是我能想到的你可能会问的问题的答案。

问题：在选择课堂游戏时，我应该如何开始选择？

回答：选择从第3章中描述的前10个游戏中的一些游戏开始；按照从最容易实施的课堂游戏开始，在你的大脑树上列出来，或者简单地从我列出的大脑树项目样本中的这9个教学策略开始。

问题：我如何知道自己是否成功？

回答：由学生来评估你的课堂游戏的实施效果，持续了解他们学到了多少！

问题：我应该什么时候添加新的教学策略？

回答：在实施教学策略时，当你的学生自我评分经常达到2–3分时，你就可以添加新的教学方法。

问题：碰到那些不配合全脑教学的老师，该怎么办呢？

回答：邀请他们张贴自己的大脑树，列出他们想要达到的“成长”效果且不属于全脑教学的教学策略清单。展示你是如何提高教学水平的，进而让他们意识到全脑教学的魅力。

问题：如果我忘记使用大脑树了，怎么办？

回答：你所要做的就是在你教室的门上把网格表（和艺术树）贴出来，你的学生们非常渴望看到在他们与其他班级比赛的过程中赢得了多少树叶，学生们一定会提醒你的。

10

第十章

如何培养学生领导力

你无法控制风的方向，但你可以调整风帆。

——托马斯·孟苏

中学教师是一个很难相信全脑教学效果的人群。在教师培训会议期间，我曾看到过无数的怀疑面孔。初中和高中教师往往认为，没有任何全脑教学或者其他教学系统可以帮助教师应对难管教的青少年。

因此，我让那些对全脑教学表示怀疑的听众来进行一个思维实验。你是一个新老师。你有一个黑帮班级。

我邀请他们彼此谈论一下在第一天他们将会做些什么。通常，教师们的响应就是挠头或者发出绝望的教育者所特有的那种无奈的笑声。

在进行了一些讨论之后，我会提供本章中所描述的教学计划。

我在为期一年的教师培训会议上谈到新手教师的噩梦后，我意识到我们的方法不仅适用于任何年级。同时，许多的功能也适用于天使班级。

因此，想象你是正坐着听我演讲的观众。

你是一个在学区最差的学校里任教的新手教师。当然，你会分到最难管教的学生班级之中，一个有着35个“黑帮土匪”的班级。新手教师总是容易陷入重重困境。

那你应该怎么做呢？

第一件事就是意识到它是美好的，你可以毫无束缚地全权自行处理班级的任何事情。你得到了一个没有人想要的班级，每个人都认为这些学生是不可教的。当所有的人都认为你和你的学生们会失败时，就意味着你已经没什么可以失去的了。

第二件事情就是要意识到：不管你的班级看起来怎么样，这个班级并不是35个人对抗你一个。班级里的每一群叛逆的青少年中都孕育着一个核心领导者。

是你自己主动选择去和一些学生对抗。

请把学生领导者拉拢到你这边。

第三件事情就是要意识到而且要深入骨髓地领会到：你没有权力。不要在教室里盲目行使你不具备的权力。

再说一次，你没有权力。

你的难管教学生惟一会完成的学习任务就是一些看上去不像任务的任务，所以从现在就开始和你的孩子们谈论生日聚会吧。向孩子们解释，你正在考虑创建一个座位表，并可能要把彼此亲密的学生安排在一起。不要承诺一定会把好朋友放在一起，这是你的王牌。不要担心学生不配合，也不要担心学生举手提问，继续谈论生日聚会。

这是最难管教班级的普遍规律。如果你有一些叛逆孩子想要的东西，不要马上给他们。如果他们想和好朋友坐在一起，你不要把这个奖励马上分发出去，除非你可以给学生提供其他的激励奖。

你可以和学生玩生日游戏。“首先，我需要知道谁能听从我的指示。我们班里有这样的学生，他们足够成熟，即使坐在好朋友旁边也可以专注于学习。所以，我会列出班上三个孩子的名字，邀请他们来参加我的生日派对。”你有五个这样的班级，学生淘气，课堂混乱。你是应该和所有的学生一起玩生日游戏，还是只和你最喜欢的学生玩生日游戏呢？答案很肯定，你当然会选择那些最乖的孩子。

你身处一个充满敌意的营地，在这个营地里你没有任何力量，但却有足够的自由。你的目标是利用学生的自然倾向和喜好来引导他们积极向上。青少年的团体一定会有自己的领导者，所以你必须妥善组织这些领导者。他们喜欢生日聚会，所以你可以邀请他们来参加你的生日游戏。孩子们会兴奋地互相发短信给他们的朋友。

第二天，你的其他班级的学生会要求知道为什么他们被排除在外了。不要晕倒。他们想要进入你的游戏。你可以说：“当我在这堂课上看到一些进步的时候，就像当我讲课时如果每一位同学都看着我，我会很乐意和大家谈论生日和座位安排表。让我看看今天你们表现得怎么样！”

我的建议是和最不好管教的淘气包学生玩生日游戏。相信我，这总能最先解决最容易的问题。

在第二天，举行一个关于好领导者和糟糕领导者的讨论。你可以跟学生解释，领导者可能是同学、老板、老师、父母、教练等。递一张纸和一支铅笔给一个受欢迎的孩子，让她列一个清单，上面列出班上同学通过讨论所总结出来的好领导者和糟糕领导者的特征。从本质上讲，好的领导者帮助他人，糟糕的领导者只顾自己（甚至伤害他人）。你和你的孩子们都会一致赞同这个观点！

在接下来的这一天，你要展示好领导者清单。然后对学生说类似下面的话："这堂课的一个重要组成部分就是领导力训练，因为我认为你们已经很大了，完全可以进行这样的训练了。看着你的积极领导者的特征清单。写下4-7名你认为会成为好领导者的同学的名字。"

名字写下来。不要试图阻止学生相互间的嘲弄……记住，你没有任何力量。

第二天，带着一份学生领导者的名单去上课。每个人都想知道名单上的名字。让我重点强调这一点。你的孩子们想要知道，这些学生领导者是哪些人？有人选我吗？我最好的朋友在这个名单里吗？哦不，我最大的敌人会在名单里吗？

在课堂最开始的时候，你可以这样说："我这里有一份学生领导者的名单。如果我们努力学习，也许到了最后时刻，我们就有时间宣布这份名单。"记住：如果你手里有一些难管教学生想要的东西，千万不要太快给他们，要让你难管教学生自己去赢得当领导者的机会。

在课堂快结束的时候，你可以说："一秒之内，我就告诉你们哪些同学将是领导者。但是先让我们弄清楚。你们只有提名领导者的权力，我才是最终任命领导者的人。领导者将任职两周。每两周，你们都要给我新的建议。如果你们认为领导者做得很好，那就保留他们的职位。你们将知道谁在做一份好工作，因为他们偶尔会为我们的课堂赢得游戏时间。如果他们没有做好工作，没有帮大家赢得游戏的时间，你们应该建议我把他们的名字从名单里删除。但是请记住，我的工作是把一个我认为最好的团队领导者集中在一起。”

吹响号角！敲响鼓点！一切都听你的！

作为领导者的领导，你只是确定了你自己的地位，至少暂时一切都听你的！

下一步：揭开学生领导者名单……鼓励学生为领导者欢呼。在你开始对学生进行领导力培训的时候，你可以在课程快结束之前，单独见一见你这些特别优秀的学生们，祝贺他们，尽可能地安排多的时间和他们见面。即便是最不理想的情况，你也要在每次培训快结束的时候，与你的学生领导者见上几分钟。

在学生领导培训过程中，你要解释并示范你希望学生去做的行为：仔细地记录谈话，问问题，看着老师，关注任务行为等。要重点强调，他们的工作不是去当其他学生的上司！你希望他们以行动来领导其他的学生。

告诉你的学生领导者他们将得到的奖励。“当我看到你们表现出很强的领导能力时，我会把你们赢得的分数写在黑板上。当达到十分时，我们会停下来玩一场游戏。积攒十分可能需要几天的时间。

课外活动的时候，你们要向其他孩子解释正在发生的事情，并让他们保持冷静，争取在几天的时间里赢得一次做游戏的机会。”

第二天，把学生领导者的名字写在黑板上“领导者守则”的标题下面。向学生解释如果领导力方面能达到十分，那么就会给大家一个玩游戏的机会。理由很简单：“我们在课堂上做的功课越多，我们就能有更多的时间来玩游戏。”当你看到学生领导者的积极行为时，记得赞美学生的积极行为。偶尔，在黑板上给孩子们记上一分。

继续你的领导力培训。给这些特别优秀的孩子介绍全脑教学的基本特征、五大课堂守则、集中注意力、镜像模拟法、让学生当老师等。经常让他们在课堂上示范一个新技能。向学生领导者提供即将到来的课程信息，向有领导者潜力的学生咨询有效的建议，请求他们一起帮忙把不愿意参与课堂的同学吸引到课堂活动中来。

对你和这些特别优秀的孩子来说，领导力培训将是今年最有价值的支出之一。学生领导者们将会是那些可以帮助你高效教学的人。

每两周换一个新提名名单。学生将会看到谁是可以赢得游戏积分的领导者，谁不是这样的领导者。

我们在领导力培训上碰到的惟一的问题就是淘气的学生领袖，令人高兴的是，这个问题是可以解决的。你选了丹尼尔，学生们都喜欢丹尼尔，但他对成为一名教室领导者毫无兴趣。不要责备他。

但仔细观察丹尼尔的周围。一定有不喜欢丹尼尔的学生。在每两周提名学生领导者之前，举行一次“测试投票”。让孩子们为即将到来的提名做准备，请学生列出那些在赢得游戏分数方面表现出色的领导者的名字。

孩子们的选票显示丹尼尔没有入选。

把丹尼尔拉到一边，和他说下面这样的话："丹尼尔，看看你的支持票数，不是很好！也许当领导者这件事暂时并不适合你。你可以参加下次选举，或者现在。"缓缓地说……然后深沉地告诉丹尼尔："我想劳尔不会介意接替你的领导者位置。"

如果丹尼尔想要出去，答应他。给他两周的时间，如果你愿意的话，再给他一次机会。无论如何，是让丹尼尔当领导者还是让劳尔当领导者，完全由你来决定。你就是最终的决定者。明白了吗？

你变成了一只头狼！当你赞扬学生领导者时，为他们储备分数，鼓励学生为他们的领导者欢呼……你正在控制你的学生领导者的受欢迎程度。

领导力培训的关键是要确保你有生动的学习课程。随着时间的推移，在你的课堂上进行课堂游戏之前，向你的学生领导者做如下介绍：进步神速组、计分板、智慧足球等。

将学生领导小组扩大到更多的学生。训练他们成为优秀的全脑教学"教师"。给这些学生领导者和你一起吃午饭的机会。于是，和你一起吃饭，将一顿饭变成一顿盛宴。环顾一下餐厅。看看你是否能找到一张圆形的桌子——适合召集这些学生领导者的桌子。

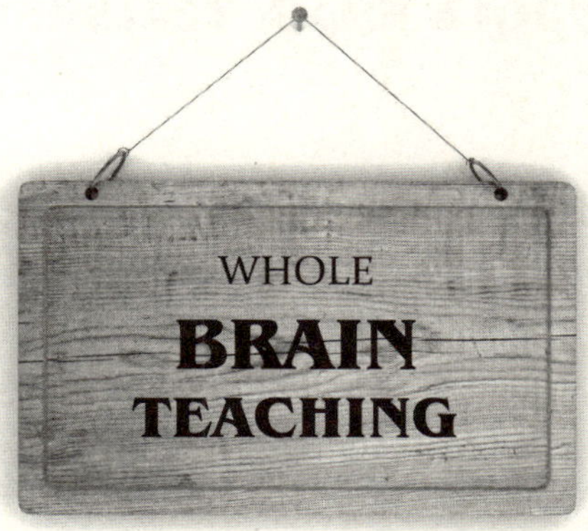

11

第十一章

课堂游戏，教出最快乐的学生

不要用强迫的方式，而是要用玩耍的方式来让学生保持学习。

—— 柏拉图

到现在为止，你已经掌握了我们的关键理念：全脑教学，至始至终都是一个大游戏。在传统的教育中，长时间的学习中穿插着简短的游戏，长时间的无聊中只是偶尔参杂欢乐的时刻。在全脑教学中，则是长时间的游戏中穿插着简短的游戏，娱乐活动穿插在快乐的比赛中。

我们的教育理念可以用一个句子来阐述：

当孩子们玩游戏的时候，他们是最快乐的，也是学得最好的时候。

这本书中的所有游戏都极大地调动了我们学生的大脑，前额叶皮质（规划）、运动皮层（运动）、布洛卡区（言语生成）、韦尼克区（理解语言）、视觉皮层（看到）和边缘系统（情绪）。当老师抱怨他们的孩子不关心课程，对分数或知识没有兴趣时，真相其实是，学生的大脑边缘系统、学生的情绪都没有积极参与到学习中来。我们的妙招是什么呢？全力以赴地玩吧！在玩乐中才能学习到更多的知识。

在传统教育中，课间休息，看着孩子高兴地冲出教室，你就目睹了学生大脑边缘系统的解放。在操场上，学生的整个大脑都在热烈地参与看、讲、听、动……学生在上课铃声敲响前尽可能多地享受乐趣。回到教室，学生做着他们根本不想做的事情，他们安静地坐着。如果你喜欢责备还在成长阶段的孩子，那么传统教育就是一个完美的系统。

试想一下，将你的教室当成一个室内运动场。在全脑教学中，学生整天都在玩儿，在玩乐中他们几乎不会意识到他们的学习有多困难，或者他们学到了多少知识，我们把每一个课堂活动用快乐的金线编织在一起。

你的下一步将会做些什么呢？在我们的全脑教学中选择最强大且符合你班级实际情况的游戏，开始创建一个高度一致的教学系统吧。

个人激励：用进步神速墙上的进步星来奖励和培养孩子的个人成长。

团队激励：将多个级别的计分板作为一个有着无限吸引力的课堂管理游戏。

批判性思考：使用动动脑游戏去教一个卡通标志性语言，这些语言能够表达生动活跃的谨慎思考。

写作：探索三重句的美妙，可以在文章里展开的一个句子。

数学/阅读：设置一个关于数学和语言活动的超速游戏的每周时间表，使用个人记录有力地激励学生掌握基本技能。

你们班最好的海报口号是什么？

我们可以打破任何纪录。

切记：当学生们玩游戏的时候，他们是最快乐的，也是学得最好的时候。如果你想让学生变得更好，想让你自己变得更好，那就赶快行动吧，让你的课堂变成一个游戏室，和孩子们一起玩起来！

作者简介

克里斯·比弗尔

美国全脑教师协会会长，他于1967年开始自己的教育生涯，在过去的四十年中，克里斯得到美国教育部和美国国家人文基金会的资助，进行依托于哈佛大学的珀尔修斯项目。不仅如此，他还在多次出现在广播和电视节目中。

他主持过100多个将近有20000名教师参加的国际性全脑教学会议，并收集了众多来自一线教师的教学方法。世界各国成千上万的教师在全脑教学网站上学习教学方法。

他还撰写了7本关于阅读与写作、批判性思维的著作，代表作《全脑教学:影响全球300万教师的教学指导书》是风靡全球的畅销书。

“常青藤”书系—中青文教师用书总目录

书名	书号	定价
特别推荐——从优秀到卓越系列		
从优秀教师到卓越教师：极具影响力的日常教学策略（入选浙江省教师节用书）	9787515312378	33.80
从优秀教学到卓越教学：让学生专注学习的最实用教学指南	9787515324227	32.00
从优秀学校到卓越学校：他们的校长在哪些方面做得更好	9787515325637	33.80
卓越课堂管理（中国教育新闻网2015年度“影响教师的100本书”）	9787515331362	68.00
名师新经典/教育名著		
如何当好一名学校中层：快速提升中层能力、成就优秀学校的31个高效策略	9787515346519	29.00
像冠军一样教学：引领学生走向卓越的62个教学诀窍	9787515343488	49.00
如何成为高效能教师（美国最畅销教师用书，销量超过350万册，最专业、最权威、最系统的教师培训第一书）	9787515301747	89.00
给教师的101条建议（第三版）(《中国教育报》“最佳图书”奖）	9787515342665	33.00
改善学生课堂表现的50个方法：小技巧获得大改变（入选《中国教育报》2010年和2011年“影响教师的100本书”）	9787500693536	23.80
改善学生课堂表现的50个方法操作指南：小技巧获得大改变	9787515334783	29.00
优秀教师一定要知道的17件事（美国当前最有影响教育畅销书作者全新力作）	9787515342726	23.00
美国中小学世界历史读本 / 世界地理读本 / 艺术史读本	9787515317397等	106.00
美国语文读本1-6	9787515314624等	252.70
和优秀教师一起读苏霍姆林斯基	9787500698401	27.00
怎么做孩子会爱上学习（入选“21世纪中国教师必读的百种好书”,《中国教育报》“2010年影响教师的100本书”）	9787500685968	22.00
快速破解60个日常教学难题	9787515339320	33.00
美国最好的中学是怎样的——让孩子成为学习高手的乐园	9787515344713	28.00
教师成长/专业素养		
教师精力管理：让教师高效教学，学生自主学习	9787515349169	28.00
如何使学生成为优秀的思考者和学习者：哈佛大学教育学院课堂思考解决方案	9787515348155	39.80
反思性教学：一个已被证明能让所有教师做到最好的培训项目（30周年纪念版）	9787515347837	49.00
凭什么让学生服你：极具影响力的日常教育策略	9787515347554	28.00
运用积极心理学提高学生成绩：品格教育校本计划	9787515345680	39.80
可见的学习与思维教学：让教学对学生可见，让学习对教师可见	9787515345000	29.80
教学是一段旅程：成长为卓越教师你一定要知道的事	9787515344478	39.00
安奈特·布鲁肖写给教师的101首诗	9787515340982	35.00
万人迷老师养成宝典学习指南	9787515340784	28.00
中小学教师职业道德培训手册：师德的定义、养成与评估	9787515340777	32.00
成为顶尖教师的10项修炼（中国教育新闻网2015年度“影响教师的100本书”）	9787515334066	35.00

	书名	书号	定价
★	T. E. T. 教师效能训练：一个已被证明能让所有年龄学生做到最好的培训项目（30周年纪念版）（中国教育新闻网2015年度“影响教师的100本书”）	9787515332284	39.00
	教学需要打破常规：全世界最受欢迎的创意教学法（中国教育新闻网2015年度“影响教师的100本书”）	9787515331591	33.00
	高效能教师如何带领学生取得优异成绩（中国教育新闻网2015年度“影响教师的100本书”）	9787515328980	39.00
	10天卓越教师自我培训（教育家安奈特·布鲁肖顶尖卓越教师培训教材）	9787515329925	29.00
	给幼儿教师的100个创意：幼儿园班级设计与管理	9787515330310	29.00
	给幼儿教师的100个创意：为幼升小做准备	9787515329130	29.90
	给小学教师的100个创意：发展思维能力	9787515327402	29.00
	给中学教师的100个创意： 如何激发学生的天赋和特长 / 杰出的教学 / 快速改善学生课堂表现	9787515330723等	87.90
	以学生为中心的翻转教学11法	9787515328386	29.00
	如何使教师保持职业激情	9787515305868	29.00
★	如何培训高效能教师：来自全美权威教师培训项目的建议	9787515324685	32.00
	良好教学效果的12试金石：每天都需要专注的事情清单	9787515326283	29.90
★	让每个学生主动参与学习的37个技巧	9787515320526	28.00
	10分钟教师培训：卓越教师的40个快速训练法	9787515320519	32.00
	高效能教师的时间管理法	9787515321073	35.00
	高效能教师备课完全指南：英国最权威的备课指导用书	9787515312361	23.80
	提高学生学习效率的9种教学方法	9787515310954	27.80
	下课后来找我：资深教师给同行的建议	9787515307114	28.00
★	优秀教师的课堂艺术：唤醒快乐积极的教学技能手册	9787515342719	26.00
★	万人迷老师养成宝典（第2版）（入选《中国教育报》“2010年影响教师的100本书”）	9787515342702	29.00
	高效能教师的9个习惯	9787500699316	23.00
★	好老师可以避免的20个课堂错误（入选《中国教育报》“2010年影响教师的100本书”）	9787500688785	21.50
	爱·上课：麻辣教师调教“天下第一班”的教育奇迹（李希贵、窦桂梅推荐）	9787500693383	29.00
	课堂教学/课堂管理		
	如何设计教学细节：好课堂是设计出来的	9787515349152	39.00
	15秒课堂管理法：让上课变得有料、有趣、有秩序	9787515348490	33.80
	混合式教学：技术工具辅助教学实操手册	9787515347073	39.80
	从备课开始的50个创意教学法	9787515346618	29.00
	中学生实现成绩突破的40个引导方法	9787515345192	33.00
	给小学教师的100个简单的科学实验创意	9787515342481	39.00

书名	书号	定价
老师如何提问，学生才会思考	9787515341217	33.80
教师如何提高学生小组合作学习效率	9787515340340	29.00
卓越教师的200条教学策略	9787515340401	35.00
中小学生执行力训练手册：教出高效、专注、有自信的学生	9787515335384	33.80
提高学生学习专注力的8个方法：打造深度学习课堂	9787515333557	35.00
改善学生学习态度的58个建议	9787515324067	25.00
全脑教学：影响全球300万教师的教学指导书（中国教育新闻网2015年度“影响教师的100本书”）	9787515323169	38.00
全脑教学与成长型思维教学：提高学生学习力的92个课堂游戏	9787515349466	39.00
哈佛大学教育学院思维训练课	9787515325101	36.00
完美结束一堂课的35个好创意	9787515325163	28.00
如何更好地教学：优秀教师一定要知道的事（被英国教育界奉为圣经的教学用书）	9787515324609	36.00
带着目的教与学	9787515323978	28.00
美国中小学生社会技能课程与活动（学前阶段/1-3年级/4-6年级/7-12年级）	9787515322537等	153.80
彻底走出教学误区：开启轻松智能课堂管理的45个方法	9787515322285	28.00
破解问题学生的行为密码：如何教好焦虑、逆反、孤僻、暴躁、早熟的学生	9787515322292	36.00
在普通课堂教出尖子生的20个方法：分层教学	9787515321868	29.90
天天向上：中学教学问题解决手册	9787515321202	29.00
13个教学难题解决手册	9787515320502	28.00
让学生爱上学习的165个课堂游戏	9787515319032	39.00
美国学生游戏与素质训练手册：培养孩子合作、自尊、沟通、情商的103种教育游戏	9787515325156	36.00
老师怎么说，学生才会听	9787515312057	28.00
快乐教学：如何让学生积极与你互动（入选《中国教育报》2010年和2011年“影响教师的100本书”）	9787500696087	29.00
老师怎么教，学生才会提问	9787515317410	29.00
快速改善课堂纪律的75个方法	9787515313665	28.00
教学可以很简单：高效能教师轻松教学7法	9787515314457	25.00
88种美国中小学经典课堂教学活动	9787515314419	32.00
好老师应对课堂挑战的25个方法（《给教师的101条建议》作者新书）	9787500699378	25.00
快速调动学生参与的99个方法（被誉为美国调动学生参与最有价值之书）	9787515317069	31.90
好老师激励后进生的21个课堂技巧	9787515311838	23.80
开始和结束一堂课的50个好创意	9787515312071	19.80
好老师因材施教的12个方法（美国著名教师伊莉莎白“好老师”三部曲）	9787500694847	22.00
如何打造高效能课堂（美国《学习》杂志“教师必选”奖，“激励教师组织”推荐书目）	9787500680666	29.00
合理有据的教师评价：课堂评估衡量学生进步	9787515330815	29.00

	书名	书号	定价
	班主任工作/德育		
★	北京四中8班的教育奇迹	9787515321608	36.00
★	师德教育培训手册	9787515326627	29.80
	打造优秀班级的15个秘密	9787515319117	28.00
★	设计和管理最优班级实用手册	9787515317731	49.00
★	好老师征服后进生的14堂课（美国著名教师伊莉莎白“好老师”三部曲）	9787500693819	25.00
	优秀班主任的50条建议：师德教育感动读本（《中国教育报》专题推荐）	9787515305752	23.00
	优秀教师一定读的60个故事（传达60种爱的教育方式）	9787500696285	25.00
	学校管理/校长领导力		
	校长引导中层和教师思考的50个问题	9787515349176	29.00
	如何定义、评估和改变学校文化	9787515340371	29.80
	学校管理者如何构建卓越学校	9787515330754	28.00
	从优秀学校到卓越学校：他们的校长在哪些方面做得更好	9787515325637	33.80
	优秀校长一定要做的18件事（入选《中国教育报》“2009年影响教师的100本书”）	9787515342733	26.00
	构建杰出学校的7个杠杆	9787515324319	39.00
	给校长的127条建议（入选《中国教育报》2010年和2011年“影响教师的100本书”）	9787500694779	23.00
	创新型学校：给学校管理者的9个策略（入选《中国教育报》2010年和2011年“影响教师的100本书”）	9787500693628	23.00
	学科教学/教科研		
★	人大附中中考作文取胜之道	9787515345567	39.80
★	人大附中高考作文取胜之道	9787515320694	33.80
★	人大附中学生这样学语文：走近经典名著	9787515328959	33.80
	让小学一年级孩子爱上阅读的40个方法	9787515307589	30.00
	让学生爱上数学的48个游戏	9787515326207	26.00
★	优秀小学语文教师一定要知道的7件事（窦桂梅畅销作品）	9787500674139	23.80
	小学语文课例研修的8个实践策略（附赠光盘）	9787515312064	33.00
	情商教育/心理咨询		
	中小学心理教师的10项修炼	9787515309347	36.0
★	别和青春期的孩子较劲（增订版）（入选《中国教育报》“2009年影响教师的100本书”）	9787515343075	28.0
★	100条让孩子胜出的社交规则	9787515327648	28.0
	幼儿园/学前教育		
	幼儿园30个大主题活动精选：让工作更轻松的整合技巧	9787515339627	39.8
★	美国幼儿教育活动大百科：3-6岁儿童学习与发展指南用书·科学	9787515324265	150.0
★	美国幼儿教育活动大百科：3-6岁儿童学习与发展指南用书·艺术	9787515324289	150.0
★	美国幼儿教育活动大百科：3-6岁儿童学习与发展指南用书·健康与语言	9787515324296	150.0

书名	书号	定价
美国幼儿教育活动大百科：3-6岁儿童学习与发展指南用书·社会	9787515324272	150.00
蒙台梭利早期教育法：3-6岁儿童发展指南（理论版）	9787515322544	29.80
蒙台梭利儿童教育手册：3-6岁儿童发展指南（实践版）	9787515307664	25.00
自由地学习：华德福的幼儿园教育	9787515328300	29.90
你的水桶有多满（儿童版）	9787515342689	29.00
赞美你：奥巴马给女儿的信	9787515303222	19.90
教育主张/教育视野		
如何发现孩子：实践蒙台梭利解放天性的趣味游戏	9787515325750	32.00
如何学习：用更短的时间达到更佳效果和更好成绩	9787515349084	49.00
教师和家长共同培养卓越学生的10个策略	9787515331355	27.00
如何阅读：一个已被证实的低投入高回报的学习方法	9787515346847	39.00
芬兰教育全球第一的秘密（珍藏版）（《中国教育报》等主流媒体专题推荐，台湾教育类畅销书榜第一名）	9787515342610	28.00
世界最好的教育给父母和教师的45堂必修课（《芬兰教育全球第一的秘密》2）	9787515342696	28.00
杰出青少年的7个习惯（精英版）（中小学图书馆推荐书目、中国青少年必读书目）	9787515342672	39.00
杰出青少年的6个决定（领袖版）（中小学图书馆推荐书目、中国青少年必读书目、全国优秀出版物奖）	9787515342658	28.00
7个习惯教出优秀学生（第2版）（全球第一畅销书《高效能人士的七个习惯》教师版）	9787515342573	29.00
学习的科学：如何学习得更好更快（入选2016年中国教育网暑期推荐书目）	9787515341767	39.80
杰出青少年构建内心世界的5个坐标（中国青少年成长公开课）	9787515314952	59.00
跳出教育的盒子（第2版）（美国中小学教学经典畅销书）	9787515344676	35.00
夏烈教授给高中生的19场讲座（入选《中国教育报》"2013年最受教师欢迎的100本书"）	9787515318813	29.90
学习之道：美国公认经典学习书	9787515342641	39.00
翻转学习：如何更好地实践翻转课堂与慕课教学（中国教育新闻网2015年度"影响教师的100本书"）	9787515334837	32.00
翻转课堂与慕课教学：一场正在到来的教育变革	9787515328232	26.00
翻转课堂与混合式教学：互联网+时代，教育变革的最佳解决方案	9787515349022	29.80
奇迹学校：震撼美国教育界的教学传奇（中国教育新闻网2015年度"影响教师的100本书"）	9787515327044	36.00
学校是一段旅程：华德福教师1-8年级教学手记	9787515327945	32.00
高效能人士的七个习惯（25周年纪念版）（全球头号畅销书）	9787515326399	68.00
盖洛普优势识别器2.0：《现在，发现你的优势》升级版	9787515308036	199.00

您可以通过如下途径购买：

书　　店：各地新华书店、教育书店。

网上书店：当当网（www.dangdang.com）、亚马逊中国网（www.amazon.cn）、天猫（zqwts.tmall.com）
京东网（www.360buy.com）、第一街（www.diyijie.com）。

团　　购：各地教育部门、学校、教师培训机构、图书馆团购，可享受特别优惠。

购书热线：010-65511270 / 65516873

如何成为高效能教师

作者：（美）黄绍裘　黄露丝玛丽
定价：89.00元

- 美国教师培训第一书
- 一套完整的高效能教师培训系统和教师核心素养提升解决方案
- 全球销量超400万册
- 超值赠送60分钟美国最专业、最受欢迎网络教学视频
- 200页网络版主题教学拓展资源

★ ★ ★

卓越课堂管理

作者：（美）黄绍裘　黄露丝玛丽
定价：68.00元

- 获中国教育新闻网2015年度"影响教师的100本书"奖
- 获2016年第25届上海市中小学、幼儿园"优秀图书"奖
- 一套高效管理课堂的完整体系，为广大教师提供50种有效的课堂管理方案
- 并示范高效能教师的6套开学管理计划，让学生通过严格执行50种教育程序获得成功。